CATALOGUE

DE LA

BIBLIOTHÈQUE

DE FEU M. LORTIC

LA VENTE AURA LIEU

Les Vendredi 19 et Samedi 20 Janvier 1894

A DEUX HEURES PRÉCISES DU SOIR

A L'HOTEL DES COMMISSAIRES-PRISEURS, RUE DROUOT, 9

SALLE N° 10

Par le ministère de Mᵉ MAURICE DELESTRE, Commissaire-Priseur

27, RUE DROUOT

Assisté de MM. ÉM. PAUL, L. HUARD ET GUILLEMIN

LIBRAIRES-EXPERTS

28, RUE DES BONS-ENFANTS

Et de M. JULES BOUILLON

MARCHAND D'ESTAMPES

3, RUE DES SAINTS-PÈRES

CONDITIONS DE LA VENTE

La vente se fait expressément au comptant.

Les acquéreurs payeront 5 pour cent en sus des enchères, applicables aux frais.

Il y aura exposition chaque jour de vente, de 1 à 2 heures.

Les livres devront être collationnés dans les vingt-quatre heures de l'adjudication. Passé ce délai, ou une fois sortis de la salle de vente, ils ne seront repris pour aucune cause.

Les Libraires chargés de la vente rempliront les commissions des personnes qui ne pourraient y assister.

CATALOGUE

DE LA

BIBLIOTHÈQUE

DE

FEU M. LORTIC

RELIEUR-DOREUR

PREMIÈRE PARTIE

Précédée d'une Préface de **M. JEAN ALESSON**

LIVRES RARES ET CURIEUX

ANCIENS ET MODERNES

*La plupart couverts de riches reliures exécutées par M. LORTIC
dont plusieurs en mosaïque.*

PARIS

ÉM. PAUL, L. HUARD ET GUILLEMIN

LIBRAIRES DE LA BIBLIOTHÈQUE NATIONALE

28, RUE DES BONS-ENFANTS, 28

JULES BOUILLON	EDMOND LORTIC
MARCHAND D'ESTAMPES	LIBRAIRE
3, rue des Saints-Pères, 3	60, rue de Richelieu, 60

1894

ORDRE DES VACATIONS

PREMIÈRE VACATION. — *Vendredi 19 janvier 1894.*

DEUXIÈME VACATION. — *Samedi 20 janvier 1894.*

LORTIC

L'artiste industriel connu de tout le grand monde des livres, Lortic, pourrait être proposé en exemple à qui douterait encore des résultats brillants auxquels conduisent la volonté dans le labeur et la persévérance dans le progrès.

Un jour de l'année 1840, Lortic débarquait à Paris, arrivant de Saint-Gaudens, son pays natal, sans autres ressources que sa jeunesse et un amour profond du travail. De bon apprenti qu'il fut dès la première heure, il devint opérateur excellent ; puis, voulant chaque jour faire mieux que la veille, il résolut de prendre la responsabilité de la dépense de son temps, autrement dit, il s'enferma chez lui avec quelques outils et deux ou trois volumes précieux à l'habillement desquels il consacra toute sa coquetterie d'artiste soigneux.

Ce premier effort fut remarqué par d'illustres bibliophiles qui n'hésitèrent pas à lui confier la reliure des pièces les plus rares et les plus aimées de leurs collections. De cet instant commença cette carrière si honorable et si remplie qui devait s'étendre durant près d'un demi-siècle.

De temps à autre, Lortic prit part à de grandes expositions ; il y remporta des médailles en un temps où les jurys ne s'en montraient pas prodigues, jusqu'au jour où le gouvernement, appréciant l'apport considérable donné par Lortic aux progrès de l'art de la reliure, le nomma chevalier de la Légion d'honneur. Ce fut en 1878.

Les plus grands noms de la bibliophilie française et étrangère, Didot, Lesoufaché, le duc de Parme, le duc d'Aumale, Daguin, le duc de Rivoli, etc., ont connu cet atelier de la rue de la Monnaie que les de Goncourt signalent dans leur *Journal*; c'est dans cet atelier que Lortic, difficile et exigeant pour ses propres travaux, défaisait et refaisait son œuvre jusqu'à ce qu'il eût atteint l'*irréprochabilité* dans les plus minutieux détails. On conçoit qu'à une telle école, celui de ses fils qui lui succède, M. Marcelin Lortic, soit en mesure de soutenir la haute réputation du nom de l'impeccable décorateur.

Le maniement quotidien des beaux livres devait amener l'artiste à devenir amateur lui-même. En effet, Lortic, avec un rigorisme qu'il n'est pas toujours facile de satisfaire dans la recherche d'exemplaires parfaits, achetait quelques raretés bibliographiques pour les habiller à son aise et suivant son goût. Il ne s'en dessaisissait, ensuite, qu'à regret et que pour être agréable à quelque client éminent.

Sous cet aspect encore, il fut un maître connaisseur et donna en cette qualité à un de ses fils (il en eut quatre) M. Edmond Lortic, aujourd'hui libraire, les premières notions de la science infinie des vieux livres.

Lorsque la mort le surprit, en 1892, on trouva dans sa bibliothèque particulière un certain nombre de vieux livres qu'il s'était réservés.

Ce sont ces livres, mentionnés au présent catalogue, que les rigueurs légales d'un règlement de succession obligent la famille à mettre en vente.

JEAN ALESSON.

CATALOGUE

DE LA

BIBLIOTHÈQUE

DE

FEU M. LORTIC

RELIEUR-DOREUR

PREMIÈRE PARTIE

THÉOLOGIE

1. **LA SAINCTE BIBLE** ‖ en françois | translatee selon ‖ la pure et entière traduction de Sainct Hierome ‖ derechief conferrée ⁊ entièrement revisitée se‖ lon les plus anciens et plus correctz ex‖emplaires... *En Anvers | pour Antoine de la Haye ‖ demourant au Pan de nostre Dame ‖ An. M. D. ⁊ xli. (1541) ‖* 2 parties en 1 vol. in-fol. goth. à 2 col. fig. sur bois, mar. vert foncé, riches comp. à petits fers et mosaïqués de mar. de diverses couleurs, doublé de mar. r. semis de reines-marguerites en mosaïque de mar. citron et bleu, gardes en moire r. tr. dor. étui de mar. vert doublé de peau de chamois. (*Lortic.*)

> Édition rare de la première traduction française de la Bible entière ; elle a été donnée par Jacques Le Fèvre d'Estaples et fut censurée par le Parlement. Elle se compose de 20 ff. prél.

non ch. et 396 ff. pour l'*Ancien Testament* et de 6 ff. prél. non ch. 101 ff. ch. et 1 f. non ch. contenant la souscription, pour le *Nouveau Testament* et elle est ornée de jolies figures sur bois.

Superbe exemplaire, couvert d'une reliure qui peut être considérée comme un des chefs-d'œuvre de Lortic, car c'est certainement une de celles pour lesquelles l'habile artiste a déployé le plus de talent. Elle est ornée de riches compartiments à mosaïque de mar. rouge, bleu et citron avec volutes, rinceaux, feuillages et fers azurés, couvrant entièrement les dos et les plats du volume. Aucune description ne saurait rendre l'effet éblouissant de cette ornementation qui offre une savante combinaison des plus beaux motifs du xvie siècle, exécutés d'une façon admirable.

2. LE DAVID MODERNE, ou la Traduction en vers des Sept Pseaumes, de Dom Antoine, Roy de Portugal, dédiée au Roy, par M. de Vertron, historiographe de Sa Majesté... 1703. — In-4, mar. r. dos orné, fil. tr. dor. (*Rel. anc.*)

MANUSCRIT SUR VÉLIN, composé de 79 pp. et écrit en beaux caractères romains. Il renferme une traduction en vers français de sept Pseaumes composés en latin, à l'imitation de ceux de David, par Dom Antoine Ier, roi de Portugal, qui renversé de son trône par une révolution dut s'enfuir de son pays et se réfugia en France où il mourut en 1595.

Chacune des pages de ce manuscrit est encadrée d'un filet d'or ; le titre est orné d'UNE BELLE BORDURE PEINTE EN COULEUR ET REHAUSSÉE D'OR et le volume est enrichi de HUIT FLEURONS ET DIX CULS-DE-LAMPE PEINTS EN COULEUR.

La reliure est aux armes de LOUIS XIV auquel cette traduction est dédiée.

3. LIBER SOMNIORUM SALOMONIS. — In-4, vélin.

MANUSCRIT SUR VÉLIN du xve siècle, composé de 96 ff. et écrit en caractères romains.

Le volume commence par 4 ff. de table, suivis du prologue dont voici les premiers mots : *In nomine Xhu filii davit. Incipit liber expositionis sompnio⅞ Salomonis super interpretationem partium eo⅞... Prius fuit edita a Salomone filio David in lingua ebraica promulgata : deinde in latinum translata sermonem secunduȝ q interpretati sunt sapientes et seniores legis...* Il se termine au verso du dernier f. par la mention suivante : *Completus est liber sompniorum salomonis filii david spectabilis et eximii artium ex medi-*

cine, doctoris domini magistri Joseph. de Castronovate ducalis phi-
sici.

Ce manuscrit est orné de nombreuses initiales en bleu, rouge ou or, et de sept grandes lettres majuscules PEINTES EN COULEUR ET REHAUSSÉES D'OR.

Piqûres de vers aux derniers ff.

4. Le Tableau de la Croix représenté dans les cérémonies de la Ste Messe, ensemble le Trésor de la dévotion aux soufrances de N^re S. J. C. le tout enrichi de belles figures. *Paris, Mazot*, 1651, in-8 de 49 ff. en tout, fig. mar. r. dos orné, fil. triples comp. à la Du Seuil sur les plats, tr. dor. (*Rel. anc.*)

Joli volume entièrement gravé et orné de figures par Colin et autres et d'un portrait par Geiin.

5. HORE AD USUM ROMA‖NU totaliter ad lōgum. ‖ (A la fin :) ⁌ *Ces presentes heures à lusai‖ge de Romme sōt ĩpmées nou‖vellemēt a Paris par maistre ‖ Pierre Vidoue pour Jehan de ‖ Brye libraire et doreur demou‖rant a la rue Sainct Jacques ‖ devant Sainct Yves a lēseigne de ‖ la Lymace.* ‖ S. d. (vers 1520), in-16 allongé, goth. mar. grenat, fil. et fleurons dorés, encadr. à fr. doublé de mar. bleu, dent. et guirlande de feuillage, gardes de moire bleue, tr. dor. étui de mar. vert doublé de peau de chamois. (*Lortic.*)

Édition fort rare, non citée par Brunet; elle se compose de 112 ff. non ch. sign. B-M et O par 8 et A, N, P et Q par 4 ff. Le texte, imprimé en rouge et noir est orné de vignettes sur bois et chaque page est entourée d'un encadrement à fond criblé. Le titre porte la marque de Jean de Brie, et au-dessous le rébus reproduit dans le *Manuel* (V, col. 1670); le calendrier qui occupe les 6 premiers ff. va de l'année 1520 à l'année 1531.

Bel exemplaire. Hauteur : 139 mill.

6. ⁌ CES PRESENTES HEURES A LUSAIGE DE PA‖RIS toutes au long sans rien requerir : nou‖velle-mēt imprimees audict lieu | avecques ‖ plusieurs belles hystoires. ‖ (A la fin :) ⁌ *Cy finissent ces presentes heures a lusaige de Paris | nouvellēt imprimées... a Paris |*

—par la veusve dē feu Thielmā Kerver demourāte audit lieu a lenseigne de la Lycorne | a la grāt rue Saīct Jacques | au-dessus des Maturins | z furēt achevees le XIX. jour de Juing. Lan Mil. CCCCC XXV. (1525), in-4, goth. pl. sur bois, mar. noir, fil. milieu doré, tr. dor. (*Rel. du XVIe siècle.*)

Très rare édition de ces belles Heures. Elle se compose de 136 ff. non ch. sign. A-R par 8 ff. et est ornée de jolies bordures dans lesquelles l'on remarque une *Danse des Morts* et des grotesques, de 12 figures en ovale, au calendrier, avec un quatrain en français au-dessous, de 46 grandes figures non comprise celle de l'*Homme anatomique* et de nombreuses petites vignettes sur bois.

A la fin du volume se trouvent 8 ff. non ch. sign. et renfermant les :*Cōmēdutiones defunctorum officium singulare et devotum,* avec cette souscription : ❡ *Les Recommēdaces des trepasses nouvellement imprimees à Paris, par la veusve de feu Thielman Kerver... M. d. xxxv.* (1535), bordures sur bois.

La marque de Kerver se trouve sur le titre et au verso du dernier f. des Heures. L'Almanach va de 1525 à 1538.

Bel exemplaire dans sa première reliure, portant au centre des plats, dans un médaillon, l'image de Jésus en croix, à peu près semblable à celle que l'on trouve sur les reliures de Henri III.

Hauteur : 215 mill.

7. ❡ C*es* presentes heures a l'usaige de P*aris*, toutes au long sans riens requerir, nouvellemēt imprimées... (A la fin :)... *Et ont esté imprimees à Paris par Yolande Bonhomme, veusve de feu Thielman Kerver... et furent achevees l'an mille cinq cens. XXX. le xxxvj. d'avril.* (1530), in-8 de 166 ff. ch. et 2 ff. non ch. de table, goth. fig. sur bois, ais de bois couverts d'une reliure de filigrane de vieil argent, tr. dor. et ciselée, fermoirs. (*Rel. anc.*)

Édition rare de ces *Heures* à la suite desquelles se trouvent reliés : *Dévote contemplation de la divinité de notre doulx rédempteur...* (en vers français) 8 ff. non ch. — *Le Mirouer de la Passiō nr̄e Seigneur* (en prose et en vers). 26 ff. non ch. — *La vie de ma dame Saincte Marguerite, vierge et martyre, avec son oraison* (en vers, mais sans solution de continuité), 8 ff. non ch. — *Extraict de plusieurs sainctz docteurs... et louenges du tressacré et digne sacrement de l'autel pour ceulx qui le recepvent en estat de*

grâce. (en prose) 96 ff. non ch. — *Dévotes oraisons de nr̄e dame.
L'Eschelle de perfection. Les Dix cōmandemens de Dieu. Prépara-
tions pour devotemēt recepvoir le sainct Sacrement. Les jours mo-
ralisez. Etc. etc.* (en prose et en vers), 48 ff. non. ch.

Bel exemplaire réglé, couvert d'une très jolie reliure ancienne
de filigrane d'argent du travail le plus délicat.

8. HORÆ IN LAUDĒ BEATISS. VIR‖GINIS MARIÆ.
Ad usum ‖ Romanum. ‖ *Parrhisiis, apud Gotofre-
dum ‖ Torinum Biturigicum, ‖ Regium impressorem. ‖*
(A la fin :)... *Anno Salu. M. D. XXXI. Die XX. Mēsis
Octo.* (1531), in-4, réglé, fig. sur bois, encadr. v. brun
ant. riches comp. dorés. tr. dor. (*Rel. du XVI*e *siècle,
fatiguée.*)

Édition très rare des Grandes Heures de Geofroy Tory. Elle
est ornée de 13 planches gravées sur bois, les mêmes que celles
de l'édition de 1524, et est augmentée de quatre sujets non si-
gnés qui ne se trouvent pas dans cette dernière édition.

Exemplaire couvert d'une curieuse reliure de l'époque, dont
les plats, richement ornés, portent la marque du *Pot Cassé.* —
Plusieurs passages sont barrés à l'encre vers la fin du volume.
Les ff. E i (plus court) E ii (plus grand) et V viij (plus court) ont été
pris d'un autre exemplaire ; les encadrements de ce dernier f.
ont été enluminés.

9. ✿ HORÆ IN ‖ LAUDEM BEATISSIMÆ VIR‖GINIS
MARIÆ, ad usum ‖ Romanum. ‖ *Parisiis.* ‖ *Ex offi-
cina Reginaldi Calderii ‖ et Claudii ejus filii.* ‖ 1549. ‖
gr. in-4 de 176 ff. non ch. fig. sur bois, mar. brun, fil.
à fr. doublé de mar. r. guirlande de feuillage, tr. dor.
et ciselée, étui de mar. vert, doublé de peau de chamois.
(*Lortic.*)

Rarissime édition, imprimée en rouge et noir, et ornée de
14 grandes figures gravées sur bois. Chaque page de ce beau
volume est entourée, soit d'arabesques au simple trait, soit d'arabesques gravées en noir, soit enfin d'un cadre en forme de por-
tique. On y remarque aussi des lettres majuscules à fond criblé.
Bien que ne portant pas la marque de Geofroy Tory ces Heures
sont tout à fait dignes de lui être attribuées.

Superbe exemplaire, réglé, bien conservé et grand de marges
(témoins).

Hauteur : 227 mill.

10. ❦ Horæ in laudem beatissi‖me Virginis Marie ad usum ‖ Romanum. ‖ *Parisiis.* ‖ *Apud Thielmānum Kerver* ‖ *in vico sancti Jacobi sub si‖gno cratis.* ‖ *M. D. L.* ‖ (A la fin :) ❦ *Excudebat Parisiis Thiel‖mannus Kerver in vico san‖cti Jacobi sub signo cratis.* ‖ 1550, ‖ pet. in-8 de 172 ff. non ch. car. ronds r. et noirs, bordures, v. f. comp. dorés et mosaïqués de v. grenat, dent. int. tr. dor.

> Édition donnée par Thielman (II), frère de Jacques Kerver. Elle contient des bordures formées d'oiseaux, de fleurs, d'insectes, d'animaux divers, etc., dans le genre des Heures de Tory de 1527, mais ce ne sont pas les mêmes. L'ouvrage est orné en outre de dix-neuf charmantes gravures, très petites, au simple trait.
>
> Très bel exemplaire dans une jolie reliure moderne à la Grolier.

11. LES HEURES DE LA NOUVELLE IMPRIMERIE, inventée par P. Moreau. Dédiées à Mme la marquise de Senecey, gouvernante du Roy. *A Paris, au Palais,* 1644, 10 parties en 1 vol. pet. in-8, front. et 23 fig. sur cuivre, mar. r. dos et plats couverts de riches comp. à petits fers, doublé de mar. vert, dent. et comp. à petits fers, tr. peinte, dor. et ciselée. (*Le Gascon.*)

> Curieux volume imprimé avec des caractères de l'invention de l'auteur, imitant l'écriture.
>
> Riche reliure très fraîche.

12. Les Provinciales, ou Lettres écrites par Louis de Montalte (Pascal), à un provincial de ses amis et aux **RR. PP.** jésuites, sur la morale et la politique de ces pères... *S. l.* 1766, in-12, mar. r. dos orné, fil. doublé de tabis bleu, tr. dor. (*Rel. anc.*)

> Jolie édition non citée.
>
> Exemplaire réglé.

13. L'Imitation de Jésus-Christ, traduite et paraphrasée en vers françois, par P. Corneille. *Imprimée à Rouen, par*

L. Maurry, pour Robert Ballard à Paris, 1656, in-4,
front. sur cuivre, mar. r. dos orné à petits fers, fil. et
comp. à la Du Seuil, milieu doré, dent. int. tr. dor.
(*Rel. anc.*)

PREMIÈRE ÉDITION des quatre livres réunis; elle est orné d'un
frontispice et de 4 planches sur cuivre par Chauveau.

14. LA PÉRÉGRINATION SPIRITUELLE vers la Terre saincte,
cōme en Jerusalem, Bethlehem, au Jordan, etc. Composée en langue Thyoise, par ¦feu F. Jean Pascha... et
novellemēt translatée par venerable seigneur, Nicolas
de Leuze, dict de Fraxinis... *A Louvain, de l'imprime-
ric de Jean Bogardt, à la Bible d'or*, 1566, in-4, fig. sur
bois, mar. noir, encadr. à fr. doublé de mar. r. jolie
guirlande de feuillage, gardes en moire r. tr. dor.
étui de mar. vert, doublé de peau de chamois. (*Lortic.*)

PREMIÈRE ÉDITION, très rare, de la traduction française de ce
traité de mysticité, écrit d'abord en flamand. Le titre et chacune
des pages de ce volume sont ornés d'un encadrement sur bois;
il renferme également plusieurs figures sur bois assez naïves.
Très bel exemplaire couvert d'une jolie reliure.

15. ❧ Le Livre de nouvel réimprimé faisant mention de
sept parolles que nostre benoist Saulveur et Redēpteur
Jesuchrist dit en larbre de la croix : avec aulcunes
expositions ꝣ cōtemplations sur icelles... *Imprimé à
Paris, par Chrestien Wechel*, 1545, in-8, goth. de 106 ff.
ch. et 2 ff. non ch. fig. sur bois, mar. brun, fil. à fr.
dent. int. tr. dor. (*Duru.*)

Bel exemplaire réglé de cet ouvrage peu commun écrit par
Jean de Gaigny; il est orné d'une grande figure au verso du
titre et de 8 figures sur bois dans le texte.

16. Explication des Maximes des Saints sur la vie intérieure, par Messire François de Salignac Fénelon.
Paris, Aubouin, Emery et Clousier, 1697, in-12, .mar.

bleu, dos orné, fil. comp. milieu doré, dent. int. tr.
dor. (*Lortic.*)

> Édition originale, rare, imprimée sur beau papier fort.
> Bel exemplaire. Hauteur : 157 mill.

17. Instruction pastorale sur les Promesses de l'Eglise,
par Messire Jacques Benigne Bossuet. — Seconde Instruction pastorale sur les Promesses de Jésus-Christ à
son Église, ou Réponses aux objections d'un ministre
contre la première Instruction (par le même). — *Paris,
Anisson*, 1700-1701. — Ens. 2 parties en 1 vol. in-12,
mar. r. jans. dent. int. tr. dor. (*Chambolle-Duru.*)

> Éditions originales de ces deux parties.

18. Traité du Ministère des Pasteurs, par M. l'abbé de
Fénelon. *Paris, Aubouin, Emery et Clousier*, 1688, in-12,
mar. r. dos orné, fil. dent. int. tr. dor. (*Lortic.*)

> Bel exemplaire de l'édition originale.

SCIENCES ET ARTS DIVERS

19. Livre des Essais de Michel, Seigneur de Montaigne,
divisé en deux parties. Dernière édition augmentée de
deux tables tres-amples, des choses plus mémorables
contenues en icelle. *A Lyon, pour Gabriel La Grange,
libraire d'Avignon*, 1593, in-8 de 22 ff. prél. non ch.
829 pp. 1 f. blanc, 360 pp. et 11 ff. non ch. mar. r.
dos orné, comp. de fil. et fleurons, dent. int. tr. dor.
(*Lortic.*)

> Cette édition recherchée est la réimpression de celle de 1588,
> la dernière publiée du vivant de l'auteur.
> Bel exemplaire.

20. Les Caractères de Théophraste, traduits du grec,
avec les caractères ou les Mœurs de ce siècle. Huitième

édition. *Paris, Estienne Michallet*, 1694, in-12, mar. r. dos orné, fil. et comp. dent. int. tr. dor. (*Lortic.*)

HUITIÈME ÉDITION ORIGINALE augmentée de 46 caractères nouveaux et du *Discours de réception à l'Académie française.*
Bel exemplaire du PREMIER TIRAGE.

21. ● Livre dore de ‖ Marc Aurele Empereur et eloquent ‖ orateur, traduict de vulgaire cas‖tillian en françoys, par R. B. ‖ de la Grise, secretaire de mon‖ seigneur le Reverendiscime ‖ cardinal de Grantmont ‖ Nouvellement re‖veu et corrigé ‖ ● *On les vend à Paris, en la rue neuve* ‖ *nostre Dame à l'enseigne de l'escu de Fråce* ❡ *Mil. v. c. xxxvii.* (A la fin :) ❡ *Le present volume de Marc Aurele em‖pereur, autrement dit le livre dor‖ a este acheve dimprimer* ‖ *le iiii jour de May mil cinq cens tren‖te et sept.* (1537) ‖ pet. in-8, goth. de 10 ff. prél. non ch. et de 223 ff. ch. mar. vert, fil. à fr. milieu de feuillage et de fleurs, dent. int. tr. dor. (*Lortic.*)

Cet ouvrage est de l'écrivain espagnol Antonio de Guevara. Il a été traduit en français par René Bertaut, sieur de La Grise, et c'est une anecdote qu'il renferme qui a donné à La Fontaine l'idée de sa fable « le Paysan du Danube ».
Bel exemplaire, sauf un léger grattage sur le titre.

22. Les Contes jaunes, ou le Livre de l'enfance... par A.-F.-J. Fréville. *Paris, Louis,* 1797, pet. in-12, jolie fig. non signée, mar. r. fil. à fr. dent. int. tr. dor. (*Lortic.*)

PREMIÈRE ÉDITION.
Exemplaire relié sur brochure.

23. Les Veritez Royales, ou l'Instruction du Prince Chrestien. Dédiées au Roy, par J.-J. de Barthès, ecclésiastique. *A Paris, de l'Imprimerie de P. Moreau,* 1645, gr. in-8 de 273 pp. mar. r. dos orné, comp. de fil. et fleurons aux angles des plats, dent. int. tr. dor. (*Lortic.*)

Bel exemplaire de cet ouvrage imprimé avec les jolis caractères cursifs de l'invention de P. Moreau.

24. PLATINE EN FRANCOYS tresutile ʔ nécessaire pour le corps humain qui traicte de hõneste volupte et de toutes viandes et choses que lõme menge... Et du lieu et place cõvenable a lome pour abiter et de plusieurs aultres gentilesses par quoy lomme se peult, maintenir en prospérité et santé, sans avoir grãt indigẽce davoir aultre médicin s'il est homme de rayson. (A la fin :) ❡ *Cy finist Platine leq̄l a esté trãslate de latin en frã-coys | ʔ augmēte copieusemēt de plusieurs docteurs | principalemēt p messire Desdier Xp̄ol prieur de saĩt Maurice pres mõtpellier. Et imprime a Lyon pàr Frã-çoys Fradin pres nostre dame de cõfort. Lan mil cinq cens ʔ cinq. Et le dix huitiesme jour davril.* (1505), in-fol. goth. de 4 ff. prél. non ch. et 102 ff. ch. de texte à 2 col. lettres ornées, mar. r. dos orné, fil. dent. int. tr. dor. (*Chambolle-Duru.*)

PREMIÈRE ÉDITION, très rare, de cette traduction.
Bel exemplaire.

25. Traitez nouveaux et curieux du Café, du Thé et du Chocolate. Ouvrage également nécessaire aux Méde-cins, et à tous ceux qui aiment leur santé, par Philippe Sylvestre Dufour. *Lyon, Jean Girin et B. Rivière*, 1685, in-12, front. mar. brun, fil. à fr. dent. int. tr. dor. (*Lortic.*)

Bel exemplaire.

26. Les Secrets du S. Alexis Piemontois, divisez en six livres, reveuz de nouveau sur le dernier exemplaire italien, et augmentez d'un livre de Distillations non par cy devant imprimé. *A Lyon, par Guillaume Roville,* 1572, in-16 de 940 pp. 9 ff. non ch. de table et 1 f. blanc, mar. r. fil. et encadr. à fr. dent. int. tr. dor. (*Lortic.*)

Bel exemplaire de la traduction de ces *Secrets* attribués à l'al-chimiste Jérôme Ruscelli, et dont la vogue populaire s'est sou-tenue pendant plus de deux siècles.

27. De la Charge des Gouverneurs des Places, par Messire Antoine De Ville. Dernière édition, reveue, corrigée et mise en meilleur ordre. *Amsterdam, Wolfgang*, 1674, in-12, mar. r. dos orné, fil. milieu doré, dent. int. tr. dor. (*Lortic.*)

Ce volume s'annexe à la collection elzevirienne (Willems, *Les Elzevier*, n° 1879).

———

28. L'Art de convertir le fer forgé en acier et l'Art d'adoucir le fer fondu, ou de faire des ouvrages de fer fondu aussi finis que du fer forgé. *Paris, Brunet*, 1722, in-4, 17 pl. in-fol. pliées, gr. sur cuivre, mar. r. dos orné, fil. tr. dor. (*Rel. anc.*)

Bel exemplaire sur GRAND PAPIER, aux armes du chancelier DAGUESSEAU, avec les masses et les coquilles sur le dos de la reliure.

29. LA PRATIQUE DE L'AIGUILLE INDUSTRIEUSE, du tres-excellent Milour Mathias Mignerak anglois, ouvrier fort expert en toute sorte de lingerie. Où sont tracez divers compartimens de carrez, tous différans en grandeur et invention, avec les plus exquises bordures, desseins et ordōnances qui se soient vues jusques à ce jourd'hui tant poétiques historiques qu'autres ouvrages de point de rebord. Ensemble les nouvelles invencions françoises pour ce qui est de dévotion et contemplation. *A Paris, par Jean Le Clerc*, 1605, in-4, pl. sur bois, mar. r. dos orné, fil. doublé de mar. vert, riches comp. dorés à petits fers et au pointillé, genre Le Gascon, tr. dor. (*David; Marius-Michel, doreur.*)

LIVRE RARISSIME, composé de 4 ff. prél. non ch. sign. A, pour le titre-front. gr. sur cuivre, portant au haut *Petrus Firens fecit J. Le Clerc excud.*, la dédicace à la reine (Marie de Médicis) et un *Discours du Lacis*, en vers, et de 72 planches de dentelles, gravées sur bois, sign. B-T par 4 ff. et non 70 comme le dit Brunet qui n'indique que 2 ff. au cahier T.

Exemplaire couvert d'une riche reliure, mais avec les ff. T iij et T iv très habilement refaits.

30. Physiologie du Goût, par Brillat-Savarin, avec une
préface par Ch. Monselet. Eaux-fortes par Ad. Lalauze.
Paris, Librairie des Bibliophiles, 1879, 4 vol. in-16, pap.
vergé, portr. et fig. à l'eau-forte, mar. vert foncé, fil. à
fr. dent. int. tr. dor. (*Lortic.*)

De la *Petite Bibliothèque artistique.*

BEAUX-ARTS

31. Eloge de M. Le Clerc, chevalier romain, dessinateur
et graveur ordinaire du cabinet du Roi; avec le catalogue de ses ouvrages... par M. l'abbé de Vallemont.
Paris, Caillou et Musier, 1715, in-8, portr. mar. vert,
fil. à fr. dent. int. tr. dor. (*Lortic.*)

Bel exemplaire, relié sur brochure, auquel on a ajouté deux
figures de Sébastien Le Clerc.

32. L'Ornement Polychrome. Recueil historique et pratique, publié sous la direction de M. A. Racinet, avec
des notices explicatives et une introduction générale.
Paris, Firmin-Didot, s. d. 2 vol. in-fol. pl. en couleur,
en feuilles, dans des cartons.

Première Série : 100 planches en couleur, or et argent. Art
ancien et asiatique, moyen âge, Renaissance, xviie et xviiie siècles.
Deuxième Série : 120 planches en couleur, or et argent. Art
ancien et asiatique, moyen âge, Renaissance, xviie, xviiie et
xixe siècles.

33. Les Arts Somptuaires, histoire du costume et de
l'ameublement et des arts qui s'y rattachent, sous la direction de Hangard-Maugé. Dessins de Clus Ciappori. Introduction générale et texte explicatif, par Ch. Louandre.
Paris, 1857-58, 2 vol. in-4, pl. en chromolithog. mar.
r. dos orné, fil. et comp. dent. int. tr. dor. (*Lortic.*)

Bel exemplaire de cet ouvrage recherché aux armes et au
chiffre du comte DE VILLAFRANCA.

34. L'Art du Dix-huitième siècle, par Edmond et Jules de Goncourt. *Paris, Rapilly*, 1873, 2 vol. in-8, pap. vergé, 14 portr. mar. vert, fil. à fr. dent. int. tr. dor. (*Lortic.*)

---

35. ANDREÆ ALCIATI EMBLEMATUM LIBELLUS. *Lugduni Jacobus Modernus excudebat*, 1544, pet. in-8 de 119 pp. mar. r. dos orné, encadr. de fil. entrelacés sur les plats, doublé de mar. bleu, dent. gardes de moire bleue, tr. dor. (*Lortic.*)

Édition rare et recherchée contenant 9 emblèmes de plus que l'originale. Elle est ornée de 115 jolies figures gravées sur bois. Bel exemplaire très grand de marges, nombreux témoins.

36. DIVERSE IMPRESE accomodate a diverse moralità, con versiche i loro significati dichiarano insieme con molte altre nella lingua italiana non piu tradotte. Tratte da gli Emblemi dell' Alciato. *In Lione, da Mathias Bonhomme*, 1551, gr. in-8 de 191 pp. titre avec encadr. et fig. sur bois, v. f. ant. dos orné, comp. peints et dorés, tr. dor. (*Rel. du XVIe siècle.*)

Belle édition ornée des planches de l'édition française de 1549, avec une explication en vers italiens, par Giov. Marquale. Exemplaire réglé, couvert d'une jolie reliure de l'époque.

37. ICONES HISTORIARUM VETERIS TESTAMENTE, ad vivum expressæ, extremaque diligentia emendatiores factæ, Gallicis in expositione homœoteleutis, ac versuum ordinibus (qui priùs turbati, ac impares) suo numero restitutis. *Lugduni, apud Joannem Frellonium*, 1547, in-4, fig. sur bois, mar. brun, dos orné, fil. encadr. de fil. entrelacés sur les plats, doublé de mar. bleu, dent. gardes de moire bleue, tr. dor. (*Lortic.*)

Ouvrage recherché à cause des 94 figures d'Hans Holbein dont il est orné, en outre des portraits des quatre évangélistes qui se trouvent au verso de l'avant-dernier feuillet.

Cette édition est la PREMIÈRE complète.

Bel exemplaire.

38. Historiarum Memorabilium ex Genesi descriptio, per Gulielmum Paradinum; 36 ff. non ch. — Historiarum Memorabilium ex Exodo, sequentibusq̄ libris descriptio, per Gulielmum Borluyt; 64 ff. non ch. — *Lugduni, apud Joan. Tornæsium*, 1558. — Ens. 2 parties en 1 vol. in-8, fig. mar. r. dos orné, fil. et comp. dorés, encadr. à fr. milieu à fers azurés, dent. int. tr. dor. (*Lortic.*)

> Bel exemplaire de ces deux suites très recherchées. La première se compose de 70 figures, la seconde de 120. Toutes ces figures, finement gravées sur bois, sont attribuées à Bernard Salomon, dit *le Petit Bernard*.

39. Similitudines accommodatæ ad necessarias et præcipuas partes doctrinæ cœlestis... et juxta virtutes Decalogi in ordinem redactæ a Johanne Coglero. *Vitebergæ, anno* 1561, pet. in-8 de 8 ff. prél. non ch. et 71 ff. ch. de texte, fig. mar. r. dos orné, fil. et comp. dorés, encadr. à fr. milieu à fers azurés, dent. int. tr. dor. (*Lortic.*)

> Bel exemplaire de cet ouvrage, non cité par Brunet, et orné de 19 figures emblématiques gravées sur bois. La dernière porte le monogramme D.-B. et la date de 1557.

40. Cleri totius Romanæ Ecclesiæ subjecti, seu Pontificiorum ordinum omnium omnino utriusque sexus, habitus, artificiosissimis figuris, quibus Francisci Modii singula octosticha adjecta sunt, nunc primum à Judoco Ammanno expressi... *Francoforti, sumptib. Feyrabendii*, 1585, 2 parties en 1 vol. in-4, fig. sur bois, mar. olive jans. dent. int. tr. dor. (*Thibaron-Joly.*)

> Bel exemplaire de cet ouvrage peu commun, orné de figures représentant les ecclésiastiques de tous les ordres dans leur costume.

41. Capricci di varie figure di Jacopo Callot, all Illmo et Ecc^{mo} s Principe don Lorenzo Medici. *Calisto Ferrante*

form. Roma. s. d. (vers 1617), pet. in-8 obl. mar. r. dos
orné, fil. dent. int. tr. dor. (*Lortic.*)

Jolie suite de 1 titre et 49 planches dessinés et gravés par Jacques Callot.

Toutes ces pièces sont *avant les numéros* ajoutés par Fagnani à
la suite gravée à Nancy.

Bonnes épreuves.

42. P. T. L. Thronus Cupidinis. Editio tertia, prioribus
emendatior et multo auctior. *Amsterodami, apud Wi-
lhelmum Jansonium*, 1620, pet. in-12 obl. fig. mar.
vert jans. dent. int. tr. dor. (*Capé.*)

Petit volume orné de 32 jolies figures emblématiques, avec
texte en latin, français et hollandais.

43. Abrégé des Vies des principaux fondateurs des reli-
gions de l'Église, representez dans le chœur de l'Ab-
baie de S. Lambert de Liessies, en Haynaut. Par le R.
P. Estienne Binet. *A Anvers, chez Martin Nutius*, 1634,
in-4 de 300 pp. et 2 ff. non ch. front. portr. mar. brun,
dos orné, fil. dent. int. tr. dor. (*Capé, Masson-Debon-
nelle.*)

Ce volume est orné d'un frontispice, de 38 portraits et d'une
planche, gravés par Corneille et Théodore Galle.

Bel exemplaire avec témoins. Bonnes épreuves de ces jolis
portraits.

44. Les Saintes Métamorphoses, ou les Changemens miraculeux de quelques grands saints, tirez de leurs vies,
par J. Baudoin. *A Paris, en l'Imprimerie des Nouveaux
Caractères de P. Moreau*, 1644, in-4, front. 8 ff. prél.
non ch. et 424 pp. mar. brun jans. dent. int. tr. dor.
(*Allô.*)

Ouvrage imprimé en caractères spéciaux imitant l'écriture de
l'invention de P. Moreau. Il est orné de jolies planches gravées
sur cuivre.

Bel exemplaire de L. Pasquier.

45. Emblemes Sacrez sur le tres-saint et tres-adorable sacrement de l'Eucharistie. *Paris, Florentin Lambert,* 1667, in-8, fig. mar. r. dos orné, fil. dent. int. tr. dor. (*Lortic.*)

Traduction française faite par le P. Augustin Lubin de l'*Orpheus Eucharisticus,* composé en latin par le P. Augustin Chesneau. Elle est ornée de 1 frontispice et 100 jolies figures sur cuivre par Albert Flamen.

Bel exemplaire.

46. Les Héros de la Ligue, ou la Procession monacale, conduitte par Louis XIV, pour la conversion des protestans de son royaume. *A Paris, chez Père Peters, à l'enseigne de Louis le Grand,* 1691, in-4, fig. mar. r. fil. à fr. dent. int. tr. dor. (*Lortic.*)

Édition originale, rare, de ce curieux recueil, contenant 24 figures gravées en manière noire, qui travestissent d'une manière grotesque les personnages qui jouèrent un rôle important dans la Révocation de l'Édit de Nantes et dans les persécutions qui la suivirent. Chaque figure est accompagnée d'un quatrain, et un sonnet termine le recueil.

Bel exemplaire.

---

47. Histoire de France, 1789 à 1830. — Réunion de 84 planches in-8, obl. dessinées par Raffet, mar. noir, fil. à fr. tr. dor.

Premier tirage.

48. Suite de 15 figures in-8 (sur 34) de Boulanger, David, Markl, Raffet, Rogier et Tony Johannot, pour les *OEuvres complètes* de Victor Hugo. *Paris, Furne,* 1841, in-8, demi-rel. v. violet avec coins.

Figures pour *Cromwell, Marion Delorme, Hernani, Marie Tudor, Lucrèce Borgia* et *Angelo.*

Épreuves avant la lettre sur Chine.

49. Trente-trois Estampes pour les Œuvres de Molière, composées par F. Boucher, réduites et gravées à l'eau-

forte, par T. de Mare. *Paris, Lefilleul*, 1881, 3 portr.
2 fleurons et 33 pl. à l'eau-forte, in-fol. en livraisons
dans un carton.

Une des 60 collections (n° 15) en EAUX-FORTES PURES, ÉTAT
UNIQUE SUR JAPON.

50. — La même suite. In-fol. en livraisons, dans un carton.

Une des 60 collections (n° 223) en épreuves AVANT LA LETTRE,
épreuves terminées sur JAPON.

51. MONUMENT DU COSTUME. Les Vingt-quatre estampes
dessinées par Moreau le Jeune en 1776-1783, pour ser-
vir à l'histoire des modes et du costume dans le
XVIII° siècle; gravées au burin par Dubouchet. '— Les
Douze estampes dessinées par Freudeberg en 1774...
gravées au burin par Dubouchet. — *Paris, Conquet*,
1881-1883, in-fol. 36 pl. en livraisons.

Épreuves du troisième état, tirées en bistre sur JAPON, avec le
nom du graveur à la pointe sèche.

52. Suite des 11 vignettes de Duplessi-Bertaux servant à
illustrer les contes de Voltaire du *Recueil des Petits
Conteurs*, édition de *Londres (Paris, Cazin)*, 1778.

Tirage à part, fort rare, de ces jolies vignettes.

53. Suite complète des 10 vignettes d'Eisen, gravées par
de Longueil, pour *La Henriade*, édition de *Paris, Sail-
lant*, 1769-70, 2 vol. in-8.

Belles épreuves, à toutes marges, de ce tirage à part.

54. Suite de 13 vignettes sur 21 de **Duplessi-Bertaux**
pour la *Pucelle d'Orléans*, de Voltaire. *Londres (Paris,
Cazin)*, 1780.

Tirage à part de ces jolies vignettes.
Figures des chants I à X, XIII, XV et XVI.

55. Voltaire. — Réunion de 3 portraits anciens.

In-4, par Saint-Aubin, d'après Lemoyne. — In-8 par Saint-Aubin, sur le dessin d'après nature de Denon. — In-8, sans nom d'artistes. — On a ajouté le portrait in-8 de Frédéric II, gravé par Le Mire.

---

56. Livre d'Architecture, contenant plusieurs portiques de différentes inventions sur les cinq ordres de colomnes, par Alexandre Francine, Florentin; dédié à Sa Majesté. *A Paris, chez Melchior Tavernier*, 1631, in-fol. mar. vert, dos orné, large et riche dent. à petits fers, dent. int. tr. dor. (*Lortic.*)

PREMIÈRE ÉDITION, recherchée, de ce traité orné du portrait de Alex. Francine, par Bosse, et de 29 belles planches gravées sur cuivre par Tavernier, d'après les dessins de Francine.
Bel exemplaire.

57. ARCHITECTURA VON AUSZTHEILUNG SYMMETRIA UND PROPORTION der fünff Seulen, und aller darausz volgender Kunst Arbeit von Fenstern, Caminen, Thürgerichten, Portalen, Bronnen und Epitaphien... durch Wende, Dietterlin, maier zu Strasburg. *Gecruckt in Nurnberg, in verlegune Hubrecht und Balthasar Caymor*, 1598, in-fol. goth. pl. mar. brun, dos orné, fil. doublé de mar. r. semis de croix de Malte, tr. dor. (*Gruel.*)

Ouvrage fort rare et très recherché, composé de 1 titre-front. gr. sur cuivre et imprimé en rouge et noir, de 209 ff. ch. renfermant le portrait de l'auteur et 203 planches sur cuivre de modèles d'ornements : fontaines, colonnes, portes, panneaux, cheminées, etc., dont plusieurs très surchargés et assez bizarres ; plus 1 f. non ch. pour la souscription.
Le titre est coupé au cadre et remonté sur châssis, les caractères et ornements du f. de souscription ont été découpés et habilement remontés.

58. NOUVEAUX POURTRAITZ ET FIGURES DE TERMES pour user en l'architecture : composez et enrichiz de diversité d'animaulx, representez au vray, selon l'antipathie et contrariété naturelle de chacun d'iceulx, par Joseph Boillot, Lengrois, contrerolleur pour le Roy au magasin et grenier à sel dudict lieu. *Imprimé à Lēgres par Jchā des Prey, s. d.* (1592), in-fol. de 6 ff. prél. et 56 ff. non ch. sign. A-H par 6 ff. et I par 8 ff. pl. sur cuivre et sur bois, mar. grenat, dos orné, bel encadrement et comp. à fr. doublé de mar. r. dent. tr. dor. étui. (*Lortic.*)

PREMIÈRE ÉDITION, fort rare, de cet ouvrage dédié au duc de Nevers par une épître en date du 1er janvier 1592, dans laquelle on trouve de curieux détails sur la vie de l'auteur. Il est orné d'un frontispice, d'un portrait de l'auteur, gravés sur cuivre, et de 55 très belles planches (et non 53, comme dit Brunet), gravées les unes sur bois et les autres sur cuivre; ces dernières portent le nom de J. Boillot.

Bel exemplaire.

BELLES-LETTRES

I. POÉSIE

59. POETÆ CHRISTIANI : Prudentii Opera. *Venetiis, apud Aldum*, 1501. — Sedulii Mirabilium divinorū libri quatuor... *Venetiis, apud Aldum*, 1501. — Gregorii Nazianzeni Opusculum... *Venetiis, ex Aldi Academia*, 1504. — Nonnus Paraphrasis Evangelii secundum Johannem. *Venetiis, apud Aldum, s. d.*—Ens. 4 vol. in-4, texte grec et latin, car. ronds, cart. Bradel perc. brune.

PRÉCIEUSE ET RARISSIME COLLECTION dont il n'existe que fort peu d'exemplaires, la plupart incomplets. C'est sur le second de ces volumes que l'*ancre aldine* fut employée pour la première fois.

Le dernier ouvrage, *Nonni Paraphrasis*, est dépourvu de titre et de préliminaires. Alde n'ayant pas eu le temps d'exécuter la version latine de ce poème, le volume a dû être détruit en grande partie dans les magasins comme feuilles sans valeur d'un ouvrage non achevé.

Exemplaire bien conforme aux minutieuses descriptions données par Renouard dans ses *Annales de l'Imprimerie des Alde*, pp. 24, 25, 26, 46 et 261. Il est malheureusement incomplet du f. hh i du premier ouvrage.

---

60. La Chanson de Roland, texte critique accompagné d'une traduction nouvelle et précédé d'une introduction historique, par Léon Gautier. Avec eaux-fortes par Chifflart et V. Foulquier, et un fac-similé. *Tours, Mame*, 1872, 2 tomes en 1 vol. gr. in-8, fig. à l'eau-forte, mar. r. fil. à fr. dent. int. tr. dor. *(Lortic.)*

> Bel exemplaire sur papier de Chine (n° 3) avec la suite des eaux-fortes en épreuves avant la lettre.

61. Li Romans de Dolopathos, publié pour la première fois en entier d'après les deux manuscrits de la Bibliothèque Impériale, par MM. Ch. Brunet et Anatole de Montaiglon. *Paris, Jannet*, 1856, in-16, mar. bleu, fil. à fr. dent. int. tr. dor. *(Lortic.)*

> De la *Bibliothèque elzevirienne*.
> Exemplaire sur papier de Chine.

62. Floire et Blanceflor, poèmes du xiiiᵉ siècle, publiés d'après les manuscrits, avec une introduction, des notes et un glossaire, par M. Edélestand du Méril. *Paris, Jannet*, 1856, in-16, mar. bleu, fil. à fr. dent. int. tr. dor. *(Lortic.)*

> De la *Bibliothèque elzevirienne*.
> Exemplaire sur papier de Chine.

63. Le Rommant de la Rose. ‖ (par Guillaume de Lorris et Jean de Meung). (A la fin :)

> *Cest la fin du romant de la rose*
> *Ou tout lart damours est enclose.*

S. l. n. d. Lyon, Guillaume Leroy, vers 1485), in-fol. goth. de 150 ff. non ch. à 2 col. fig. sur bois, v. ant. éc. dos orné, fil. tr. r.

> La plus ancienne édition connue de ce célèbre poème. Elle est de la plus grande rareté et la plupart des exemplaires connus

sont incomplets. Le texte est orné de curieuses figures sur bois.

Exemplaire aux armes de la DUCHESSE DE POMPADOUR, bien conforme à la description donnée par le *Manuel*.

Le titre et le dernier f. sont refaits ; manquent les ff. b vij, e ij, d vij, k viij, l viij, m vij, p ij, p iij, q iv et t i. — Piqûres de vers.

64. ☞ **LE ROMMANT DE LA ROSE** nou‖vellement reveu et corrige ‖ oultre les precedentes ‖ impressions.‖ ¶ On le vend à Paris par Galliot du pré li‖braire juré ayant sa bouticque ‖ au premier pillier de la ‖ grant salle du Pallays. ‖ 1529. ‖ (A la fin :) ¶ *Fin du Rommant de la rose veu et ‖ corrige oultre les precedentes impres‖ sions. Et imprime a Paris, par maistre ‖ Pierre Vidoue, pour Galliot du pré li‖braire juré, tenant sa bouctique au pa‖lays, au premier pillier. Au moys de ‖ Mars, mil cinq centz xxix. avant pasques...* (1529) ‖ pet. in-8 de 8 ff. prél. non ch. 403 ff. de texte ch. et 1 f. non ch. avec la marque de Galliot du Pré au verso, car. ronds, vign. sur bois, mar. vert foncé, fil. à fr. doublé de mar. r. dent. tr. dor. (*Lortic.*)

Jolie édition, en lettres rondes, ornées de petites vignettes sur bois fort bien exécutées.

Bel exemplaire réglé.

65. — Le même ouvrage, même édition. Pet. in-8, mar. r. joli milieu doré, doublé de mar. bleu, guirlande de fleurs, tr. dor. (*Cuzin.*)

Bel exemplaire.

66. — Le même ouvrage, même édition. Pet. in-8, fig. sur bois, mar. r. dos orné, fil. comp. et milieu à petits fers avec roses aux angles et aux centres des plats, dent. int. tr. dor. (*Vve Niedrée.*)

Exemplaire incomplet des ff. 377 à 384. Les 3 derniers ff. sont d'une réimpression postérieure portant en souscription la date de 1531.

Ex-libris de J. JANIN.

67. Le Roman de la Rose, par Guillaume de Lorris et Jehan de Meung. Nouvelle édition, revue et corrigée sur les meilleurs et plus anciens manuscrits, par M. Méon. *Paris, Impr. de P. Didot l'aîné,* 1814, 4 vol. in-8, portr. et fig. mar. r. dos orné à la rose, fil. dent. int. tr. dor. (*Capé.*)

> « Cette édition bien imprimée, dit Brunet, doit être préférée à toutes les autres. »

Bel exemplaire sur GRAND PAPIER VÉLIN avec deux portraits et les figures de Monnet.

68. Mary Lafon. La Dame de Bourbon. Dessins de E. Morin, gravés par H. Linton. *Paris, Librairie nouvelle,* 1860, in-8, fig. sur bois, mar. bleu, fil. à fr. dent. int. tr. dor. (*Lortic.*)

Un des 20 exemplaires sur PAPIER DE CHINE.

69. La Clef d'amour, poème publié d'après un manuscrit du xɪvᵉ siècle, par Edwin Tross, avec une introduction et des remarques par M. H. Michelant. *Paris, Tross (imprimerie Perrin, à Lyon),* 1866, in-12, pap. de Holl. car. ital. texte encadré d'un fil. r. mar. r. fil. à fr. dent. int. tr. dor. (*Lortic.*)

Joli volume tiré à petit nombre.

70. LES FAIZ (DICTES ET BALLADES) MAI‖STRE ALAIN ‖ CHARETIER. ‖ (A la fin :) *Finissent les faitz dictes et bal‖lades maistre Alain Chartier ‖ Imprimez a Paris par Pierre le ‖ Caron marchant libraire demou‖rant à Paris, en la rue de Quiquē‖poit a lenseigne de la croix blā‖che ou au palais pres la premi‖ere porte de l'entree ‖ s. d.* (vers 1489), 2 parties en 1 vol. in-fol. goth. à 2 col. fig. sur bois, mar. r. dos orné, fil. dent. int. tr. dor. (*Duru.*)

Édition très rare, regardée comme la première de ce recueil, mais qui, d'après Brunet, doit être postérieure à celle portant la date de 1489, donnée par le même imprimeur. Elle est fort peu connue et a été si mal décrite jusqu'ici que nous croyons devoir en donner la collation exacte : 66 ff. dont le dernier est blanc, pour la première partie, sign. a b d par 8 ff., c et e à k par 6 ff. — 68 ff. pour la seconde partie, sign. A B D F par 8 ff., C E et G à K par 6 ff.

La page pleine compte 40 lignes, les vers commencent par une majuscule. Le premier f. ne contient au r° que le titre donné plus haut dant la première lettre (L) est ornée, et un quatrain commençant ainsi : *Tous chareliers tât par faiz q̄ imparfaiz...* ; au v° se trouve une grande figure sur bois représentant l'auteur offrant son livre au Roi, au-dessous est un huitain dont voici le premier vers : *Hommes mortelz tant villains que gentilz...* Grande figure sur bois en tête de la première partie (fol. a ii r°), répétée en tête du texte de la seconde (fol. A i r°). Enfin, au-dessous de la souscription, figure la marque de Vérard, et non celle de Le Caron, comme le dit à tort Brunet ; l'erreur de ce dernier provient d'une supercherie de l'imprimeur (Pierre le Caron) qui a substitué son nom, imprimé en caractères gothiques, à celui de Vérard, qu'on voit ordinairement dans la bordure inférieure de sa marque ; de plus, le cœur placé au-dessous de l'écu de France et qui porte au centre le monogramme du célèbre libraire a été laissé en blanc ici. — Cette particularité laisserait supposer que les diverses éditions sans date de ce livre, signalées par Brunet et qui portent soit le nom de P. Le Caron seul, soit son nom accompagné de celui de Vérard, n'en font qu'une.

Bel exemplaire, sauf quelques petits trous de vers bouchés à la marge inférieure des derniers ff. ; le feuillet blanc qui complète le dernier cahier de la première partie ne paraît pas appartenir au volume.

Hauteur : 248 mill.

71. Extrait abrégé des vieux mémoriaux de l'Abbaye de Saint-Aubin-des-Bois, en Bretagne. *Paris, Jannet,* 1853, in-16, mar. vert, fil. à fr. dent. int. tr. dor. (*Lortic.*)

De la *Bibliothèque Elzevirienne.*
Exemplaire sur PAPIER DE CHINE.

72. COLLECTION D'ANCIENS POÈTES FRANÇAIS. *Paris, Coustelier,* 1723-1724, 10 vol. in-8, mar. r. dos orné, fil. dent. int. tr. dor. (*Chambolle-Duru.*)

Bourdigné. Légende de Maistre Pierre Faifeu. — Coquillart. Poésies. — Crétin. Poésies. — Farce de Maistre Pathelin. —

Jehan Marot. Œuvres. — Martial de Paris. Poésie, 2 vol. — Racan. Œuvres, 2 vol. — Villon. Œuvres.

Bel exemplaire de cette collection recherchée, auquel on a ajouté un beau portrait ancien de Racan, gravé par Duflos, d'après Basan.

73. Le Livre des Sonnets. Dix dizains de sonnets choisis (par Louise Labé, Malherbe, Corneille, Voltaire, Th. Gautier, Sully Prudhomme, etc.). *Paris, Lemerre,* 1874, in-12, texte encadré d'un filet rouge, mar. r. dos orné, fil. encadrement de feuillage, doublé de mar. vert, dent. gardes en moire verte, tr. dor. (*Lortic.*)

Bel exemplaire sur GRAND PAPIER DE CHINE, tiré in-8, avec envoi et LETTRE AUTOGRAPHE de l'éditeur à M. LORTIC. — Jolie reliure.

74. &a LES Œ‖VRES MAISTRE GUILLAUME CO-QUIL‖LART en son vivant Oofficial (*sic*) ‖ de Reims. Nouvelle‖ment corrigées et im‖primées à Pa‖ris. ‖ 1533. ‖ ❡ *On les vent a la rue neusve no*‖*stre dame a lenseigne de lescu de France.* ‖ (A la fin :) ❡ *Fin des œuvres feu Maistre Guil*‖*laume Coquillart official de* ‖ *Reims Nouvellement re*‖*veues, corrigées et im*‖*primées à Paris* ‖ *p Pierre Leber* ‖ *demourant* ‖ *au coing* ‖ *du Pavé* ‖ *pres la place Maubert.* ‖ *M. D. XXX III.* (1533) ‖ in-16 de 158 ff. ch. titre r. et noir, car. ronds, mar. citron, milieu mosaïqué de mar. r. et bleu, dent. int. tr. dor. (*Trautz-Bauzonnet.*)

Très rare édition, reproduisant page pour page celle publiée par *Galliot du Pré* en 1532. Le texte présente cependant quelques légères différences. — On remarquera que notre exemplaire porte sur le titre *a lenseigne de lescu de France* au lieu des mots *a lenseigne Sainct Nicolas* qu'on y trouve ordinairement ; cette particularité, croyons-nous, n'a pas encore été signalée jusqu'ici.

Petit trou de ver très bien raccommodé à la marge inférieure des derniers ff.

Hauteur : 122 mill.

75. LES ABUS DU ‖ MODE nouvel‖lement imprimez à Paris. ‖ (Au verso du titre :) ❡ Sensuyvent les abus du monde

compo‖sez par Pierre Gringoire | dit mere Sotte. ‖ (A la fin :) ❡ *Fin desdictz abuz.* ‖ *s. d.* pet. in-8, goth. de 72 ff. non ch. sign. A à I par 8 ff. fig. sur bois sur le titre, mar. r. fil. dent. int. tr. dor. (*Koehler.*)

Édition rare de cet ouvrage satirique en vers décasyllabiques contenant à la fin une octave où figure le nom de Gringore en acrostiche.

Petit raccommodage au fol. A iiii.

76. Sensuivēt les ‖ menu-ppos ‖ mère Sotte nouvellement compo‖sez p Pierre Gringoire herault dar‖mes de mō-seignr le duc de Lorraine. Avec plusieurs ad‖ditions nouvelles comme pourrez veoir cy apres. ‖ ❡ On les vent a Paris p Philippe le Noir libraire de‖mourāt en la rue saīct Jacqs a lēseigne de la rose blä‖che couronnée. ‖ (A la fin :)... *Nouvellement imprime a* ‖ *Paris par Philippe le Noir libraire et relieur jure* ‖ *en luniversité de Paris demourant en la grant rue*‖*sainct Jacques a len-seigne de la Rose blanche couron*‖*née. Lan mil cinq cens vingt et cinq le xxv. jour docto*‖*bre.* (1525) ‖ in-8, goth. de 128 ff. non ch. sign. a-q par 8 ff. fig. sur bois, mar. vert, dos orné, fil. et comp. à la Du Seuil. dent. int. tr. dor. (*Koehler.*)

Édition rare de ce célèbre recueil, ornée de curieuses figures sur bois. Le titre, imprimé en rouge et noir, porte la figure de la Mère Sotte et de ses deux suppots.

Exemplaire au chiffre d'Audenet, provenant de la bibliothèque Yemeniz.

77. ❡ HEURES DE NOSTRE DAME | translatées de latin en francoys ‖ et mises en ryme | additionnées de plusieurs chätz Roy‖aulx figurez et moralisez | sur les misteres miraculeux ‖ de la passion de nostre redemp-teur Jesuchrist | Avec plu‖sieurs belles Oraisons ↋ ron-deaux cōtēplatifz | cōpo‖sez par Pierre Gringoire dit Vaudemont | heraulx ‖ darmes de treshault et vertueux prince monsei‖gneur le duc de Lorraine | de Bar et de

Cala‖bre | par le cōmendement de haulte et noble prī-
cesse ma Dame Regnée de bour‖bon | Duchesse de Lor-
raine | avec ‖ nouveau privilège prorogé au‖dit Pierre
Gringoire | jusques ‖ a quatre ans ensuyvans ‖ comme
il appert ‖ cy après. ‖ ❡ *On les vend a Paris | en la rue
Saint Jacqnes en la maison‖ de Jehan Petit | libraire |
demourāt a lēseigne de la fleur de lis dor.* ‖ s. d. —
❡ Chantz Royaulx | figurez morallement sur les mi‖
steres miraculeux de Nostre Saulveur ⁊ redempteur ‖
Jesuchrist ⁊ sur la Passion | avec plusieurs devo‖tes
oraisons et rondeaux contēplatifz | com‖posez par Pierre
Gringoire dict Vaude‖mont herault darmes de monsei-
gneur ‖ le duc de Lorraine | avec privilège ‖ du Roy
nostre sire | pour quattre ‖ ans advenir | comme il ap-
pert ‖ plus a plain a la fin des‖dictes oraisons et ‖ ron-
deaux. ‖ ❡ *On les vēt a Paris en la grāt Rue Sainct
Jacques ‖ en la maison de Jehan Petit | libraire | demourāt
a len‖seigne de la fleur de lis dor.* ‖ s. d. — Ens. 2 parties en 1 vol. in-4, goth. fig. sur bois, mar. r. dos orné
à petits fers, fil. riches comp. au pointillé sur les plats,
dent. int. tr. dor. (*Vᵗᵉ Niedrée*.)

Seconde édition, aussi rare et aussi recherchée que la première. Imprimée en rouge et noir, elle se compose de 8 ff. prél.
non ch. et 90 ff. ch. pour les *Heures* et de 32 ff. non ch. pour les
Chants royaux. On y trouve un almanach de 1528 à 1543, et un
privilège daté de Paris, le 15 novembre 1527.

Exemplaire couvert d'une belle reliure portant sur les plats
le chiffre couronné et la devise du duc d'AUMALE et au commen
cement et à la fin du volume, le timbre de sa bibliothèque. Un
nom sur le titre, répété au 2ᵉ folio et à la fin des *Chants royaux*.

78. LE LABIRYNTH DE FORTUNE ⁊ Se‖jour des trois nobles
dames cōpose par la‖cteur des Renars traversans | et
loups ravis‖sans surnōme le traverseur des voys peril-
leuses. ‖ ❡ *Et sont a vendre a Paris en la rue Saīct
Jacques devāt ‖ sainct Yves ⁊ à poictiers devant le pallays
au pellican, par‖ Enguilbert de Mārnef. Et a limprimerie a la celle ⁊ de‖vant les cordeliers par Jacques*

Bouchet imprimeur ∴ ‖ (A la fin :) ❦ *Imprime a poictiers par Jaques bouchet ‖ le xxvi de mars, mil cinq cens. xxiiij* (1524) ‖ in-4, goth. de 172 ff. non ch. marque de Marnef sur le titre, planche sur bois, v. ant. jaspé, tr. marb.

Seconde édition, fort rare, de ce célèbre poème de Jean Bouchet; c'est la réimpression textuelle de la première.

79. Le Parc de Noblesse. Description du trespuissant et magnanime Prince des Gaules, et de ses faicts et gestes... *A Poitiers, au Pellican, par Jean de Marnef*, 1565, pet. in-fol. de 4 ff. prél. non ch. et 144 ff. ch. de texte, car. ital. mar. La Vall. dos orné, fil. comp. et milieu à fers azurés, dent. int. tr. dor. (*Capé.*)

Édition rare du dernier écrit de Jean Bouchet. C'est l'édition originale avec un nouveau titre et les ff. prél. réduits de 6 à 4 ff. On a de plus corrigé la date sur la dernière ligne de la souscription. Cet ouvrage avait d'abord paru en 1550, chez le même Marnef, avec le titre : *Triomphe du très chrestien Roy de France François, premier de ce nom.*
Bel exemplaire.

80. ŒUVRES ‖ POËTIQUES DE ‖ MELLIN ‖ DE ‖ S. GELAIS. ‖ *A Lyon,* ‖ *par Antoine de Harsy,* ‖ 1574, ‖ in-8 de 8 ff. prél. non ch. 253 pp. et 1 f. blanc, car. ital. mar. bleu, dos orné, fil. et comp. dorés, encadr. à fr. fleurdelisé, doublé de mar. r. bel encadrement de feuillage, tr. dor. (*Lortic.*)

Édition très rare, la seconde publiée des œuvres de Mellin de Saint-Gelais; elle est plus complète que la première parue en 1547, dont on ne connaît qu'un seul exemplaire qui se trouve dans la bibliothèque du baron James de Rothschild. Cette première édition fut supprimée par Saint-Gelais lui-même, comme contenant des épigrammes contre l'Église et contre les amours d'Henri III.
Bel exemplaire. Hauteur : 161 mill. et demi.

81. Œuvres complètes de Melin de Sainct-Gelays, avec un commentaire inédit de B. de La Monnoye. Édition revue, annotée et publiée par Prosper Blanchemain.

Paris, Daffis, 1873, 3 vol. in-16, mar. r. fil. à fr. dent. int. tr. dor. (*Lortic.*)

> Exemplaire sur PAPIER DE CHINE.
> De la *Bibliothèque elzevirienne*.

82. Les Œuvres de Guillaume de Saluste, Seigneur du Bartas, reveuës et augmentées par l'autheur... *A Paris, pour Jean Février*, 1583, in-12 de 12 ff. prél. non ch. 1 tableau plié, 416 ff. ch. et 16 ff. non ch. mar. bleu, dos et plats ornés de guirlandes de feuillage, dent. int. tr. dor. (*Lortic.*)

> Très bel exemplaire de cette édition rare, ornée de jolies petites vignettes sur bois. Jolie reliure.

83. Les Tragiques, par Théodore Agrippa d'Aubigné. Nouvelle édition, revue et annotée par Ludovic Lalanne. *Paris, Jannet*, 1857, in-16, mar. bleu, fil. à fr. dent. int. tr. dor. (*Lortic.*)

> Exemplaire sur PAPIER DE CHINE.
> De la *Bibliothèque elzevirienne*.

84. Satyre Ménippée sur les poingnantes traverses et incommoditez du Mariage. Avec la Timéthélie ou Censure des femmes par Thomas Sonnet, gentilhomme Virois. Troisiesme édition, reveuë de nouveau par l'autheur et augmentée d'une Deffence Apologétique, contre les censeurs de sa satyre du Mariage. *Paris, Jean Millot*, 1609-1610, 3 parties. — Responce à la Contre-satyre par l'Autheur des Satyres du Mariage et Thimétélie (par Thomas de Sonnet). *Imprimé à Paris*, 1610. — Ens. 4 parties en 1 vol. in-8, mar. citron jans. dent. int. tr. dor. (*Duru.*)

> Bel exemplaire de cette édition rare des Satires de Thomas de Sonnet, sieur de Courval.

85. Les Courriers de la Fronde en vers burlesques, par Saint-Julien, revus et annotés par M. C. Moreau. *Paris,*

Jannet, 1857, 2 vol. in-16, mar. bleu, fil. à fr. dent. int.
tr. dor. (*Lortic.*)

> Exemplaire sur PAPIER DE CHINE.
> De la *Bibliothèque elzevirienne*.

86. **CONTES ET NOUVELLES EN VERS**, par M. de
La Fontaine. *A Amsterdam (Paris)*, 1762, 2 vol. in-8,
portr. fig. vign. et culs-de-lampe par Eisen et Choffard,
mar. r. dos orné, fil. tr. dor. étuis. (*Rel. anc.*)

> Édition dite des *Fermiers généraux*.
> Bel exemplaire, grand de marges, couvert d'une très fraîche
> reliure ; les figures du *Cas de conscience* et du *Diable de Papefi-*
> *guière* sont découvertes, et celle du *Remède* est de PREMIER TIRAGE.
> — On y a ajouté le TIRAGE A PART des 2 culs-de-lampe de Chof-
> fard, qui se trouvent en tête de chaque volume, présentant
> quelques différences de dessin, et 2 des figures refusées. — Le
> portrait de Choffard est *avant les contre-tailles*.

87. Fables nouvelles, dédiées au Roy, par M. de La Motte,
avec un discours sur la Fable. *Paris, Dupuis*, 1719,
in-4, front. par Coypel et 100 vign. par Coypel, Gillot,
Edelynck, B. Picart et Ranc, mar. r. fil. à fr. dent. int.
tr. dor. (*Petit-Simier.*)

> Très belle édition.
> Exemplaire sur GRAND PAPIER auxquels on a ajouté deux beaux
> portraits anciens d'Ant. Houdart de la Motte, l'un de la collec-
> tion Odieuvre, gravé par Dupin, d'après Ranc, l'autre (remonté)
> par Edelinck d'après Ranc.

88. Œuvres choisies de Sénecé. Nouvelle édition publiée
par MM. Émile Chasles et P. A. Cap, précédée d'une
monographie de la famille Bauderon de Senescey, par
M. Émile Chasles. *Paris, Jannet*, 1855, in-16, mar. r.
fil. à fr. dent. int. tr. dor. (*Lortic.*)

> Exemplaire sur PAPIER DE CHINE.
> De la *Bibliothèque elzevirienne*.

89. Œuvres posthumes de Sénecé, publiées pour la première fois par MM. Émile Chasles et P. A. Cap. *Paris,*

Jannet, 1855, in-16, mar. bleu, fil. à fr. dent. int. tr. dor. (*Lortic.*)

> Exemplaire sur PAPIER DE CHINE.
> De la *Bibliothèque elzevirienne.*

90. La Pucelle d'Orléans, poëme en vingt-un chants (par Voltaire), avec des notes, auquel on a joint plusieurs pièces qui y ont rapport. *A Londres (Paris, Cazin)*, 1780, 2 vol. in-18, front. et 21 vign. sur cuivre de Duplessi-Bertaux, demi-rel. bas. non rog.

> Bel exemplaire NON ROGNÉ.

91. FABLES NOUVELLES (par Dorat). *A La Haye et à Paris, Delalain*, 1773, 2 tomes en 1 vol. in-8, front. fig. vign. et culs-de-lampe par Marillier, en feuilles. (*Préparé pour la reliure.*)

> BEL EXEMPLAIRE ABSOLUMENT NON ROGNÉ, SUR GRAND PAPIER, de ce livre recherché.
> Le frontispice du tome II est très court de marges.

92. RECUEIL DES MEILLEURS CONTES EN VERS (par La Fontaine, Voltaire, Vergier, Sénecé, etc.). *A Londres (Paris, Cazin)*, 1778, 4 vol. in-18, portr. de La Fontaine et 116 vign. sur cuivre, br.

> Ravissant recueil, connu sous le nom de *Petits Conteurs*, orné de jolies vignettes attribuées à Duplessi-Bertaux, Durand et Dreppe, et gravées par Delvaux.
> SUPERBE EXEMPLAIRE BROCHÉ, NON ROGNÉ, NON COUPÉ, et très complet.

93. Le Fond du Sac, ou Restant des Babioles de M. X*** (Félix Nogaret), membre éveillé de l'Académie des Dormans. *A Venise, chez Pantalon-Phébus (Paris, Cazin)*, 1780, 2 vol. in-18, front. et 9 vign. sur cuivre, br.

> Recueil de petites pièces en vers et en prose, orné de très jolies vignettes par Durand, dessinateur-miniaturiste.
> Exemplaire NON ROGNÉ. — Mouillure et tache d'encre au tome II.
> Le faux titre et les pp. 147-154 proviennent d'un autre exemplaire.

94. La Constitution en vaudevilles, suivie des Droits de l'Homme, de la femme et de plusieurs autres vaudevilles constitutionnels, par M. Marchant. *A Paris, chez les Libraires royalistes*, 1792, in-32, front. mar. r. fil. tr. dor. (*Rel. anc.*)

Petit livre rare. — Le frontispice indiqué par Cohen comme tiré en bistre se trouve COLORIÉ dans notre exemplaire.

95. Les Fleurs du Mal, par Charles Baudelaire. *Paris, Poulet-Malassis et de Broise*, 1857, in-12, pap. vélin, mar. r. dos orné, fil. à fr. dent. int. tr. dor. (*Lortic.*)

ÉDITION ORIGINALE, rare.
Bel exemplaire, relié sur brochure, auquel on a ajouté 4 portraits divers de Baudelaire, gravés à l'eau-forte, épreuves sur CHINE, AVANT LA LETTRE, et *Projets de préfaces ébauchés par Baudelaire et non publiés*, 6 pp. et 1 f. (Impr. Quantin).

96. Théophile Gautier. Émaux et Camées. Seconde édition augmentée. *Paris, Poulet-Malassis et de Broise*, 1858, in-12, front. par E. Théron, mar. vert foncé, fil. à fr. dent. int. tr. dor. (*Lortic.*)

Bel exemplaire sur GRAND PAPIER auquel on a ajouté le portrait de Gautier, gravé à l'eau-forte par Jules Jacquemart.

97. Les Contes Rémois, par M. le comte de C... (Chevigné). Dessins de E. Meissonier. Troisième édition. *Paris, Michel Lévy*, 1858, in-12, pap. vélin, portr. et fig. sur bois, mar. bleu, fil. à fr. dent. int. tr. dor. (*Lortic.*)

PREMIÈRE ÉDITION, très recherchée, avec les dessins de Meissonier; elle contient 12 contes de plus que les éditions précédentes.
Très bel exemplaire, relié sur brochure, auquel on a joint : le portrait de Chevigné gravé par Buland, d'après Delay; celui de Lavalette, avec attributs, par Buland d'après Meissonier; celui de Meissonier, par lui-même, épreuve sur CHINE, AVANT LA LETTRE; et une figure à l'eau-forte de V. Foulquier.

98. Odes funambulesques (par Théodore de Banville), avec un frontispice gravé à l'eau-forte par Bracquemond, d'après un dessin de Charles Voillemot. *Alen-*

çon, *Poulet-Malassis et de Broise*, 1857, pet. in-8, pap.
vergé, titre r. et noir, front. 1 f. de musique notée,
mar. bleu, fil. à fr. dent. int. tr. dor. (*Lortic.*)

ÉDITION ORIGINALE.
Bel exemplaire, relié sur brochure, auquel on a ajouté un
portrait à l'eau-forte de Théodore de Banville, épreuve sur
CHINE, AVANT TOUTE LETTRE.

---

99. Les Quatre Parties du Jour, poëme traduit de l'allemand, de M. Zacharie. *Paris, Musier*, 1769, in-8, front.
fig. fleurons et culs-de-lampe d'Eisen, mar. r. fil. à fr.
dent. int. tr. dor. (*Lortic.*)

Bel exemplaire.

II. THÉATRE

100. Les Œuvres de Monsieur de Molière, reveuës, corrigées et augmentées, enrichies de figures en taille-
douce. *Paris, Denys Thierry, Claude Barbin et Pierre
Trabouillet*, 1697, 8 vol. in-12, fig. mar. r. dos orné,
fil. dent. int. tr. dor. (*Chambolle-Duru.*)

Belle édition recherchée. C'est la réimpression textuelle de
l'édition de 1682, la première complète, parue chez les mêmes
libraires, et ornée des mêmes figures.
Bel exemplaire.

101. La Mort de Louis XVI, tragédie en trois actes (par
Étienne Aignan et J. Berthevin). *A Paris, chez les
Marchands de Nouveautés*, 1793; 160 pp. — Élisabeth
de France, sœur de Louis XVI, tragédie en trois actes
et en vers (par Gamot). *Paris, Robert*, 1797; xvi-88 pp.
— Ens. 2 pièces en 1 vol. pet. in-12, portr. mar. r.
jans. dent. int. tr. dor. (*Hardy.*)

ÉDITIONS ORIGINALES de ces deux pièces peu communes; la première est ornée des portraits de Louis XVI et de Marie-Antoinette et contient, outre la *Mort de Louis XVI*, une seconde tra-

gédie en 5 actes : *Le Martyre de Marie-Antoinette d'Autriche*, par
Aignan et Berthevin.

Exemplaire relié sur brochure, nombreux témoins.

102. Théâtre de Sedaine, publié avec notice et notes
(par Georges d'Heylli). *Paris, Librairie Générale,* 1877,
in-12, portr. par Lalauze, mar. bleu, fil. à fr. dent. int.
tr. dor. (*Lortic.*)

Exemplaire sur PAPIER DU JAPON, non mis dans le commerce
(nº 1), avec le portrait AVANT LA LETTRE.

103. ❡ CELESTINE en la‖quelle est traicte des deceptions
des serviteurs ‖ envers leurs maistres ‖ ꝫ des macque-
relles en‖vers les amoureux (par Juan de Mena ou
Rodrigo Cota et Ferd. de Roxas.) trāslate dytaliē en
frāçois. ‖ ❡ *On les vend à Paris en la grant salle du* ‖
Palais, en la boutique de Galliot du pré. ‖ (A la fin :)
Imprime à Paris | *par Nicolas* ‖ *Cousteau imprimeur.*
Pour Gal‖*liot du pré marchant libraire* ‖ *juré de*
l'Université. Et fut ‖ *achevé le p̄mier jour* ‖ *daoust lan*
mil cinq cens ‖ *vingt et* ‖ *sept.* (1527) ‖ in-8, goth. de
6 ff. prélim. et 176 ff. non ch. fig. sur bois, mar. r.
milieu doré, dent. int. tr. dor. (*Duru et Chambolle.*)

PREMIÈRE ÉDITION, de toute rareté, de la plus ancienne traduction française (attribuée à Jacques Lavardin) de cette célèbre
comédie, dans laquelle les libertés de langage de l'original ont
été fidèlement reproduites et quelquefois même dépassées.
Marque de Galliot du Pré au verso du dernier f. .

Bel exemplaire.

III. ROMANS

104. LES AMOURS PASTORALES DE DAPHNIS ET CHLOÉ (tra-
duites du grec de Longus par Amyot). *S. l.* (*Paris,*
Quillau), 1718, pet. in-8, front. par Coypel, 28 fig.
par Philippe d'Orléans, mar. r. fil. tr. dor. (*Rel. anc.*)

Bel exemplaire réglé, de cette jolie édition, dite du *Régent.*
On y a ajouté la figure des *Petits pieds* attribuée au comte de
Caylus.

105. Les Amours de Théagène et Chariclée. Histoire éthiopique d'Héliodore. Traduction nouvelle (par Amyot, revue par Vital d'Audiguier). Seconde édition. *A Paris, chez Samuel Thiboust,* 1626, in-8, titre-front. gr. et 54 fig. sur cuivre par Michel Lasne et Crispin de Pas, mar. vert, dos orné, fil. tr. dor. (*Derome.*)

Exemplaire des bibliothèques GIRAUD et SOLAR, bien conservé sauf un léger raccommodage au titre.

106. Les Amours de Clitophon et de Leucippe, tirées du grec d'Achilles Statius (Tatius) Alexandrin (par A. Rémy). *Paris, Pierre Billaine,* 1625, in-8, mar. bleu foncé, dos orné, fil. tr. dor. (*Rel. anc.*)

Exemplaire portant sur le dos et les plats de la reliure les armes de la comtesse de VERRUE.

107. Le Violier des Histoires romaines; ancienne traduction françoise des Gesta Romanorum. Nouvelle édition, revue et annotée par M. G. Brunet. *Paris, Jannet,* 1858, in-16, mar. r. fil. à fr. dent. int. tr. dor. (*Lortic.*)

De la *Bibliothèque elzevirienne.*
Exemplaire sur PAPIER DE CHINE.

---

108. LARBRE DES BATAILLES. Nou‖vellement imprime a Paris. ‖ (A la fin :) ❨ *Cy fine le livre intitulé larbre des batailles Impri‖me a Paris, le. v. jour de juillet mil cinq cens ꝣ xv. ‖ par Michel le noir libraire juré en lu‖niversité de Pa‖ris demourant en la rue Sainct Jacques alenseigne ‖ de la rose blanche couronnée.* (1515) ‖ in-4, goth. de 102 ff. non ch. à longues lignes, v. f. dos orné, comp. de fil. sur les plats, fil. int. tr. dor. (*Purgold.*)

Édition fort rare de cet ouvrage composé par Honoré Bonhor

ou Bonnor, prieur de Salon, dont le nom se trouve cité dans le prologue.

Cette édition offre cette particularité qu'elle ne correspond pas du tout avec celle citée par Brunet sous la même date. En effet il l'indique comme une réimpression page pour page de l'édition de 1505 composée de 140 ff. sign. A-T par 6 ff. excepté A. R et S par 4 ff. tandis que la présente se compose de 102 ff. sign. A, C, D, F, H, K, L, N, O, Q, R, T par 4, S par 6, et B, E, G, I, M, P par 8 ff. — Grande figure sur bois sur le titre, et nombreuses lettres ornées.

Taches et notes manuscrites en marge du titre. Raccommodage en marge du f. M vi ; grand timbre de bibliothèque à la fin du volume.

109. SENSUIT LE PREUX ‖ CHEVALIER ART' ‖ DE BRETAIGNE ‖ traictāt de merveilleux faitz ‖ Imprime nouvellement a ‖ Paris en la rue neusve nostre Dame a lenseigne ‖ de lescu de France. ‖ xxxvj. ‖ (A la fin :) *Cy finist le livre du vail‖lant chevalier artus, filz du duc de Bretaigne. ‖ Imprime nouvellemēt a Paris par la veus‖ve feu Jehan Trepperel demourant en la rue ‖ neusve nostre dame a lenseigne de Lescu ‖ de France. ‖ xxxvi. ‖ S. d.* (vers 1518), in-4, goth. de 180 ff. non ch. à 2 col. sign. a par 6, b-d, f-i, l-o, q-v, y-z, A-B, D-G, I-M par 4, et e, k, p, x, C, H par 8 ff. titre en r. et noir, fig. sur bois, mar. bleu à long grain, dos orné, large dent. et milieu à fr. doublé de tabis vert, dent. tr. dor. (*Thouvenin.*)

Édition fort rare, très peu connue, ornée de curieuses figures sur bois dont une se trouve sur le titre.

Timbre de bibliothèque trois fois répété.

110. LES QUATRE FILZ AY‖MON Ducz de Dor‖donne | cest assavoir ‖ Regnault Alard : Guichard : et Richard avec leur cousin Maugist | con‖tenant trente huyt chapitres : dont la table sensuyt. ‖ *A Paris ‖ pour Jehan Bonfons libraire demourant en la rue neusve no‖stre dame a lenseigne sainct Nicolas. ‖ S. d.* in-4, goth. fig. sur bois, mar. r. dos orné, fil. riches

comp. de fil. entrelacés et de fers azurés, doublé de
mar. bleu, encadr. de feuillages, gardes de moire
bleue, tr. dor. et ciselée, étui de mar. vert doublé de
peau. (*Lortic.*)

> Édition rare de ce célèbre roman de l'épopée féodale. Elle
> est imprimée à longues lignes de 40 à la page, se compose de
> 156 ff. non ch. sign. a par 4, b par 8, c-z et A-O par 4 ff. et est
> ornée de figures sur bois dont plusieurs répétées. Le titre, im-
> primé en rouge et noir, est orné d'une figure représentant les
> quatre fils Aymon sur leur cheval Bayard. Cette figure se trouve
> répétée au-dessous de la souscription au recto du dernier f.
> qui porte au verso la marque de Jean Bonfons.
> Bel exemplaire couvert d'une riche reliure.

111. Théâtre d'Histoire où les gräds proüesses et aven-
tures étranges du noble et vertueux chevalier Poli-
mantes, prince d'Arfine, se représentent au vrai plusieurs occurences fort rares et merveilleuses, tant de
paix que de guerre... (par Philippe de Belleville). *A
Bruxelles, chés Rutger Velpius,* 1613, in-4, titre-front.
fig. mar. La Vall. jans. dent. int. tr. dor. (*Capé.*)

> Ouvrage intéressant et peu connu, orné d'un grand nombre
> de jolies figures sur cuivre et d'une grande planche occupant
> le recto du dernier f.

112. OEuvres de Rabelais; seule édition conforme aux
derniers textes revus par l'auteur, avec les variantes
de toutes les éditions originales, des notes et un glossaire. *Paris, Jannet,* 1858, *Daffis,* 1872, 2 vol. in-16,
mar. bleu, fil. à fr. dent. int. tr. dor. (*Lortic.*)

> De la *Bibliothèque elzevirienne.*
> Bel exemplaire sur PAPIER DE CHINE.

113. — Le même ouvrage, même édition, 2 vol. in-16,
mar. r. fil. à fr. dent. int. tr. dor. (*Lortic.*)

> Exemplaire sur PAPIER DE CHINE.

114. LES QUATRE LIVRES DE MAISTRE FRANÇOIS RABELAIS,
suivis du cinquième livre publiés par les soins de

MM. A. de Montaiglon et Louis Lacour. *Paris, Académie des Bibliophiles*, 1868, 3 vol. in-8, mar. r. dos orné, fil. dent. et riches comp. à fr. doublé de mar. r. dent. tr. dor. (*Lortic.*)

> Jolie édition tirée à petit nombre.
> Un des 2 exemplaires sur PEAU DE VÉLIN, non mis dans le commerce; celui-ci porte le nom de M. le prince Alexandre BIBESCO.

115. Le Roman Comique, par Scarron; nouvelle édition revue, annotée et précédée d'une introduction par M. Victor Fournel. *Paris, Jannet*, 1857, 2 vol. in-16, mar. r. fil. à fr. dent. int. tr. dor. (*Lortic.*)

> De la *Bibliothèque elzevirienne.*
> Exemplaire sur PAPIER DE CHINE.

116. A. Furetière. Le Roman bourgeois; préface de M. Émile Colombey. Eaux-fortes de Dubouchet. *Paris, Quantin*, 1880, in-8, portr. et fig. à l'eau-forte, texte encadré d'un fil. r. fac-similé, mar. r. fil. à fr. dent. int. tr. dor. (*Lortic.*)

> De la *Petite Bibliothèque de luxe.*
> Bel exemplaire sur PAPIER DU JAPON, avec une double suite du portrait et des figures, sur JAPON et sur HOLLANDE.

117. LE TEMPLE DE GNIDE suivi d'Arsace et Isménie, par Montesquieu. *Paris, Didot l'aîné*, 1796, in-18, fig. de Regnault et de Lebarbier, mar. r. fil. à fr. dent. int. tr. dor. (*Lortic.*)

> Bel exemplaire, relié sur brochure, sur GRAND PAPIER VÉLIN, avec une double suite des figures : avec et AVANT LA LETTRE. On y a joint un joli portrait de Montesquieu par Saint-Aubin.

118. Histoire de Manon Lescaut et du Chevalier des Grieux (par l'abbé Prévost), précédée d'une étude par Arsène Houssaye. Six eaux-fortes par Hédouin. *Paris, Librairie des Bibliophiles*, 1874, 2 tomes en 1 vol. in-8,

portr. et fig. à l'eau-forte, mar. bleu. fil. à fr. dent. int. tr. dor. (*Lortic.*)

De la *Petite Bibliothèque artistique*.

Bel exemplaire sur PAPIER DE HOLLANDE, auquel on a ajouté : 1° la suite de 1 portrait et 9 eaux-fortes, gravés par Monziès d'après Gravelot et Pasquier, épreuves en double état : AVANT LA LETTRE sur HOLLANDE et sur CHINE ; 2° la suite de 1 portrait et 10 eaux-fortes de Léopold Flameng, épreuves AVANT LA LETTRE sur HOLLANDE.

119. Histoire de Manon Lescaut, par l'abbé Prévost. Avec une notice par M. Anatole France. *Paris, Lemerre,* 1878, pet. in-8, texte encadré d'un fil. r. portr. et fig. mar. bleu, dos orné, fil. dent. int. tr. dor. (*Lortic.*)

De la *Bibliothèque illustrée* .

Bel exemplaire sur PAPIER DE CHINE, tiré à 50, avec la suite des eaux-fortes de Monziès en double état : AVANT LA LETTRE en noir et *à la sanguine*.

On y a joint la suite des 6 eaux-fortes d'Hédouin publiée par Jouaust pour la *Petite Bibliothèque artistique*, épreuves AVANT LA LÉTTRE, sur CHINE.

120. Six mois de la vie d'un jeune homme (1797), par Viollet-le-Duc. *Paris, Jannet,* 1853, in-16, mar. bleu, fil. à fr. dent. int. tr. dor. (*Lortic.*)

De la *Bibliothèque elzevirienne*.
Exemplaire sur PAPIER DE CHINE.

121. LA PEAU DE CHAGRIN, roman philosophique, par M. de Balzac. *Paris, Gosselin, Canel,* 1831, 2 vol. in-8, en feuilles.

CURIEUX EXEMPLAIRE formé des épreuves sur lesquelles l'ÉDITION ORIGINALE de ce roman a été imprimée. Elles portent des CORRECTIONS ET DES ANNOTATIONS ÉCRITES DE LA MAIN DE BALZAC, et signées, ainsi que plusieurs bons à tirer, de ses initiales H. B. ou Bc. — Une attestation de M. Gabriel Charavay, expert en autographes, jointe à ce volume, confirme l'authenticité des notes autographes de Balzac, et indique que quelques annotations sont de la main des correcteurs. En tête de ces épreuves, se trouvent 6 pp. manuscrites renfermant les variantes de ce roman ; elles seraient, paraît-il, d'un critique de ses amis, qui devait lui donner des conseils.

Exemplaire entièrement NON ROGNÉ.

122. Les Jeunes-France, romans goguenards, par Théophile Gautier, Frontispice dessiné et gravé par Félicien Rops. *Sur l'imprimé de Paris MDCCCXXXIII, Amsterdam (Bruxelles, Poulet-Malassis)*, 1866, in-18, front. à l'eau-forte, mar. vert foncé, fil. à fr. dent. int. tr. dor. (*Lortic.*)

Bel exemplaire sur PAPIER DE HOLLANDE, relié sur brochure, auquel on a ajouté le portrait de Gautier, gravé à l'eau-forte d'après Lessore, en épreuve AVANT LA LETTRE.

123. L'ELDORADO, OU FORTUNIO, par Théophile Gautier, publié sur l'édition originale. *Paris, Imprimé pour les Amis des Livres, par Motteroz*, 1880, gr. in-8, fig. et vign. mar. r. dos et plats ornés d'un encadrement de fil. sur les plats, doublé de mar. r. jolie dent. int. tr. dor. (*Lortic.*)

Bel exemplaire de cette édition recherchée et tirée seulement à 115 exemplaires (n° 44). Il est orné d'une double suite des figures de Milius, épreuves AVANT LA LETTRE, sur PAPIER WHATMAN et sur PAPIER DU JAPON et d'une double suite des vignettes de P. Avril : 27 fleurons, 27 lettres ornés et 27 culs-de-lampe, tirées en noir et en bistre, sur CHINE VOLANT.

124. NOTRE-DAME DE PARIS (par Victor Hugo). *Paris, Charles Gosselin*, 1831, 2 vol. in-8, en feuilles.

ÉDITION ORIGINALE, fort rare.

PRÉCIEUX ET UNIQUE EXEMPLAIRE formé des épreuves de ce volume, avec VARIANTES, CORRECTIONS ET BONS A TIRER AUTOGRAPHES DE VICTOR HUGO. Il a été signé à nouveau par l'auteur qui a écrit au verso du dernier f. de la préface : « *Je certifie que cet exemplaire est bien formé d'un exemplaire d'épreuves corrigées par moi.* VICTOR HUGO. — *Sénat 22 juin* 1881. »

On a joint à cet exemplaire : 1° les *fumés* des vignettes sur bois de Tony Johannot qui se trouvent sur les titres, avec une épreuve des vignettes refusées; 2° une attestation signée de M. G. Charavay, expert en autographes, certifiant l'authenticité des corrections de ces épreuves; 3° un titre calligraphié pour cet exemplaire unique, dans un cartouche gravé à l'eau-forte par Chauvet.

Ce précieux exemplaire est ABSOLUMENT NON ROGNÉ.

125. Complain‖cte trespiteuse de Flamette à son ‖ amy
Pamphile, translatée d'i‖talien en vulgaire françays ‖
le tout reveu et corrigé. ‖ Nouvellement im‖prime à
Paris. ‖ 1541. ‖ *On les vend a Paris en là rue neusve
notre* ‖ *dame a l'enseigne saint Jehan Baptiste pres* ‖
saincte Geneviesve des Ardens, par Denys‖*Janot libraire
et imprimeur.* (1541) ‖ in-16 de 134 ff. ch. et 1 f. non
ch. pour la fin de la table, fig. mar. La Vall. jans. dent.
int. tr. dor. (*David.*)

> Édition rare, non citée par Brunet, de cette traduction de la
> *Fiametta* de Boccace. Elle est ornée de jolies petites figures très
> finement gravées sur bois.
> Raccommodage au coin supérieur du titre.

126. La Fiammette amoureuse de M. Jean Boccace, gentilhomme florentin... Faicte françoise et italienne pour
l'utilité de ceux qui désirent apprendre les deux lan-
gues par G. C. D. T. (Gabrielle Chappuis, de Tours).
A Paris, chez Abel l'Angelier, 1585, in-12, mar. r. dos
orné, fil. dent. int. tr. dor. (*Duru.*)

> Bel exemplaire de cette traduction estimée, avec le texte ita-
> lien en regard.

127. Histoire d'Estevanille Gonzalez, surnommé le Gar-
çon de bonne humeur, tirée de l'espagnol, par
Monsieur Le Sage. *Paris, Prault,* 1734, 2 tomes en
1 vol. in-12, mar. r. dos orné, fil. dent. int. tr. dor.
(*Cuzin.*)

> Bel exemplaire de l'ÉDITION ORIGINALE.

128. Werther, traduit de l'allemand (de Gœthe) par
M. L. de Sevelinges. *Paris, Dentu,* 1825, in-18, pap.
vélin, portr. et fig. de Berthon, gr. par Duplessi-Bertaux, mar. vert, fil. à fr. dent. int. tr. dor. (*Lortic.*)

> La plus fidèle et la plus élégante traduction de ce célèbre
> roman.
> Bel exemplaire auquel on a joint une figure anglaise non si-
> gnée, *le Baiser,* et une épreuve de la dernière figure de la suite
> de Duplessi-Bertaux, 1797.

129. Voyages de Gulliver (traduit de l'anglais de J. Swift, par l'abbé Desfontaines). *A Paris, de l'imprimerie de Pierre Didot l'aîné*, 1797, 4 tomes en 2 vol. in-18, front. et fig. de Lefebvre, demi-rel. mar. r. avec coins, dos orné, fil. tête dor. non rog. (*Capé.*)

Exemplaire NON ROGNÉ, sur PAPIER VÉLIN, avec les figures en double état : avec et AVANT LA LETTRE.

IV. DIVERS

130. OEuvres facétieuses de Noël du Fail... accompagnées d'une introduction, de notes et d'un index philologique, historique et anecdotique, par J. Assézat. *Paris, Daffis*, 1874, 2 vol. in-16, mar. r. fil. à fr. dent. int. tr. dor. (*Lortic.*)

De la *Bibliothèque elzevirienne*.
Exemplaire sur PAPIER DE CHINE.

131. — Le même ouvrage, même édition. 2 vol. in-16, mar. bleu, fil. à fr. dent. int. tr. dor. (*Lortic.*)

Exemplaire sur PAPIER DE CHINE.

132. L'Amour au Dix-huitième siècle, par Ed. et J. de Goncourt. *Paris, Dentu*, 1875, in-8, front. et fleurons à l'eau-forte, encadr. sur bois, mar. bleu, fil. à fr. dent. int. tr. dor. (*Lortic.*)

Bel exemplaire, un des rares sur PAPIER DE CHINE, avec une double épreuve du frontispice avec la lettre sur Chine et AVANT LA LETTRE sur HOLLANDE, et le fleuron et le cul-de-lampe à l'eau-forte, tirés hors texte, sur CHINE.

133. Apologie pour Hérodote, ou Traité de la conformité des merveilles anciennes avec les modernes. Nouvelle édition augmentée des remarques de M. Le Duchat. *A La Haye, chez Henri Scheurleer*, 1735, 2 tomes en

3 vol. petit in-8, fig. cuir de R. dos orné, fil. et comp. dent. int. tête dor. ébarbé. (*Koehler.*)

Édition préférable à toutes celles qui l'ont précédée, à cause des remarques qu'elle contient. Le XXI° chapitre et la *Prosopopée* s'y trouvent *in extenso*.
Bel exemplaire, provenant de la bibliothèque L. Pasquier. — Hauteur : 161 mill.

134. Le P....isme de Rome, Ou le Conclave général des P....ns de cette cour, pour l'élection d'un nouvean (*sic*) Pontife. Traduction libre de l'italien. *A Cologne (à la Sphère)*, *s. d. (vers* 1669), pet. in-12 de 4 ff. prél. non ch. 132 pp. et 2 ff. blancs, mar. r. jans. doublé de mar. citron, large dent. tr. dor. (*Thibaron-Joly.*)

Première édition elzevirienne de la traduction française du célèbre écrit satirique *Il Puttanismo Romano* attribué à Gregorio Leti.
Ce petit volume, rare et recherché, sort des presses des Hackius à Leyde (Willems, *les Elzevier*, n° 1826).
Bel exemplaire. Hauteur : 129 mill. et demi.

135. — Le même ouvrage, même édition. Pet. in-12, en feuilles.

Exemplaire non rogné. Hauteur : 137 mill.

136. Les Treselegantes Sentences et belles authoritez de plusieurs sages princes, roys et philosophes, grecs et latins : en deux langages, italien et françoys, l'un correspondant à l'autre, pour ceulx qui les désirent apprendre. *A Paris, par Gilles Corrozet*, 1546, pet. in-8, mar. vert, chiffre couronné sur le dos et aux angles des plats, dent. int. tr. dor. (*Capé.*)

Première édition de cet ouvrage traduit de l'italien de Nicolas Liburnio par Gilles Corrozet.
Bel exemplaire au chiffre de M. de La Villestreux.

137. Gli Asolani di Messer ‖ Pietro Bembo. ‖ (A la fin :) *Impressi in Venetia nelle case d'Aldo Romano nel anno M.D.V. del mese di Marzo...* (1505), pet. in-4 de 96 ff.

de texte non ch. et 1 f. d'errata, car. ital. mar. brun, dos orné, fil. à fr. encadr. et coins dorés, dent. int. tr. dor. (*Capé.*)

Première édition, très rare.
Exemplaire grand de marges, avec l'épitre dédicatoire à Lucrèce Borgia qui manque souvent. La marge extérieure du f. d'errata est très habilement refaite.

138. Les Azolains de Monseigneur Bembo, de la Nature d'Amour. Traduictz d'italien en frãçoys par Jehan Martin... *M. D. XLV. Imprimé à Paris par Michel de Vascosan, pour luy et Gilles Corrozet, libraires* (1545), in-8 de 255 ff. ch. et 1 f. blanc, mar. citron, milieu doré, dent. int. tr. dor. (*Trautz-Bauzonnet.*)

Première édition de la traduction française de ces entretiens. Imprimée en caractères italiques, elle contient au vº du titre le Privilége, daté du 2 juin 1545, et à la fin un Avis du *traducteur aux lecteurs.*
Bel exemplaire de M. de Chaponay.

139. Les Azolains de Monseigneur Bembo, de la Nature d'Amour; traduictz de l'italien, par Jehan Martin. *A Paris, par la veusve François Regnault*, 1555, in-16 de 176 ff. ch. mar. vert, dos orné, fil. dent. int. tr. dor. (*Rel. anc.*)

Jolie édition, non citée, imprimée en caractères ronds. On n'y trouve ni le Privilége ni l'Avis du traducteur qui se trouve à la fin de l'édition précédente, mais le texte y a été un peu remanié.
Exemplaire avec témoins.

140. Les Lettres de M. de Voiture. *Sur l'imprimé, à Paris*, 1661, in-12, titre-front. gr. beau portrait par Auroux, mar. bleu, dos orné, joli milieu doré, dent. int. tr. dor. (*Lortic.*)

Bel exemplaire d'une édition rare.

141. Lettres de Madame de S*** (Sévigné) à Monsieur de Pomponne. *La Haye, Pierre Gosse*, 1757, pet. in-8,

már. r. jans. dent. int. tr. dor. non rog. (*Trautz-Bauzonnet.*)

> Seconde édition, rare, de ce recueil de lettres, contenant le procès de Fouquet.
> Très bel exemplaire NON ROGNÉ. Hauteur : 167 mill.

142. Lettres inédites de Voltaire et Correspondance avec Voltaire. — *Paris*, 1802-1856. — Ens. 5 vol. in-8, portr. ajoutés, demi-rel. mar. r. avec coins, dos orné à petits fers, fil. tête dor. non rog. (*Capé.*)

> Cette réunion comprend :
> Lettres inédites de Voltaire à Frédéric le Grand, publiées sur les originaux. *Paris, Delalain*, 1802; 2 portraits de Voltaire, par Moreau, d'après Houdon, et portrait de Frédéric, gravé par Mayer, épreuve sur CHINE *avec lettre blanche.*
> Lettres de quelques juifs, portugais, allemands et polonais à M. de Voltaire. *Versailles, Lebel*, 1817; 2 portraits de Voltaire ajoutés; l'un d'après Houdon en épreuve AVANT TOUTE LETTRE, l'autre gravé par Hopwood sur CHINE.
> Lettres inédites de Voltaire, à Mademoiselle Quinault, à M. d'Argental, au président Hénault, etc... *Paris, Renouard*, 1822. — Exemplaire sur GRAND PAPIER VÉLIN, très rare en cet état, auquel on a ajouté 4 portraits de Voltaire et ceux de Mme du Chastelet, de Daguesseau, de l'abbé Raynal, de la comtesse de Staal, de d'Argenson et de Necker; épreuves de choix dont une sur CHINE, AVANT LA LETTRE.
> Lettres inédites de Voltaire, recueillies par M. de Cayrol. *Paris, Didier*, 1856, 2 vol. — Exemplaire sur PAPIER VÉLIN auquel on a ajouté deux portraits de Voltaire, dont un sur CHINE, AVANT LA LETTRE, d'après Frilley et le portrait de César, duc de Choiseul.

143. ŒUVRES DE VOLTAIRE, avec préfaces, avertissements, notes, etc., par M. Beuchot ; 70 vol. — Table alphabétique et analytique des matières, par Miger ; 2 tomes en 1 vol. — *Paris, Lefèvre*, 1829-1844. — Ens. 71 vol. gr. in-8, fig. et portr. demi-rel. mar. r. avec coins, dos orné à petits fers, tête dor. non rog. (*Capé.*)

> MAGNIFIQUE ET PRÉCIEUX EXEMPLAIRE sur GRAND PAPIER JÉSUS VÉLIN, auquel on a ajouté des DESSINS ORIGINAUX, et les suites de figures les plus rares et les plus belles qui ont été publiées pour les Œuvres, complètes ou séparées. On y trouve

en outre un grand nombre de superbes portraits de Voltaire et
de personnages célèbres de son époque, ainsi que de plusieurs
de ceux dont il s'est occupé dans ses ouvrages. Toutes ces pièces
sont de premier choix, la plupart AVANT LA LETTRE, sur CHINE, et
en très belles épreuves.

Voici un détail succinct des gravures les plus précieuses :

SUITES DE FIGURES

1° PREMIÈRE SUITE COMPLÈTE DES BELLES FIGURES DE MOREAU, gravées pour l'édition de *Kehl*, épreuves AVANT LA LETTRE, de la plus
grande rareté. Ces figures sont A TOUTES MARGES et ont été prises
dans un exemplaire de souscription ayant appartenu au relieur
BOZÉRIAN, qui l'avait préparé pour la reliure. — Plus DIX-HUIT
EAUX-FORTES PURES des gravures les plus intéressantes. On
sait que les eaux-fortes de cette suite sont à peu près introu-
vables.

2° Suite des figures de Moreau, gravées pour l'édition de
Renouard, épreuves AVANT LA LETTRE, NOMS A LA POINTE SÈCHE, avec
toutes les EAUX-FORTES, très rares. Ces pièces sont aussi A
TOUTES MARGES.

3° Suite de Desenne, exécutée pour la présente édition, en
épreuves AVANT LA LETTRE, sur PAPIER DE CHINE.

4° Suite des figures, réduites d'après celles de Troy, pour *La
Henriade*, édition de 1728; épreuves très bien remontées sur
châssis pour le format.

5° Suite des figures d'Eisen pour *La Henriade*, épreuves habilement remontées en plein.

6° Suite de Monsiau, pour *La Henriade*, très belles épreuves
AVANT LA LETTRE ET LES CADRES, plus la suite complète des EAUX-
FORTES. Ces deux états des gravures de Monsiau sont fort rares.

7° La suite des jolies figures de Monnet, Marillier, Moreau, etc.
pour les *Romans et Contes*, bien complète et dans le très rare
état d'AVANT LES NUMÉROS.

Et un certain nombre de belles figures détachées et de figures
anglaises.

Parmi les précieuses EAUX-FORTES de Moreau qui se trouvent
dans ce recueil nous devons mentionner particulièrement : l'EAU-
FORTE du frontispice de *La Henriade*, à peu près introuvable,
belle épreuve avec marges, habilement remontée sur châssis.
Ce frontispice est de plus ici avec et AVANT LA LETTRE. — L'EAU-
FORTE de toute rareté de ce passage de *La Pucelle* : « Déjà trois
dés roulés sur son beau sein vont décider... » de la première
suite. — La figure du *Gâteau des Rois*, AVANT LA LETTRE, très rare.
Et plusieurs autres EAUX-FORTES de la même suite pour *La
Pucelle*.

PORTRAITS

1° Très beau portrait de Voltaire, gravé par Ficquet, superbe épreuve d'artiste, AVANT TOUTE LETTRE, TABLETTE BLANCHE, et dont les ornements ne sont pas terminés; grandes marges. État fort rare.

2° Le même portrait, belle épreuve AVANT LA LETTRE, remontée en plein.

3° Charmant portrait de Frédéric de Prusse, gravé par Dambrun d'après Moreau, dans le frontispice du recueil intitulé : *Estampes destinées à orner les éditions de M. de Voltaire*, par Moreau, en regard de l'épître dédicatoire. Épreuve AVANT LA LETTRE.

4° Beau portrait de Moreau, d'après Cochin, gravé par Saint-Aubin en 1787, superbe épreuve, grande de marges, très rare.

5° Portrait de Frédéric II (avec le tricorne), très bien gravé par De Launay.

6° Autre beau portrait de Frédéric II, d'après Vanloo, très bien gravé par Langlois en 1785. Belle épreuve à toutes marges.

7° Plusieurs beaux portraits de Voltaire, en PREMIERS ÉTATS, gravés par Saint-Aubin, Langlois, Alex. Tardieu, J. Le Roy, etc.

Et autres nombreux et beaux portraits, dont plusieurs sont très rares.

DESSINS ORIGINAUX

1° DEUX CHARMANTS DESSINS ORIGINAUX DE MOREAU, à l'encre de Chine; le premier pour *l'Enfant prodigue;* le second pour *l'Ecossaise*. Ces deux dessins ont été faits pour la première suite de Kehl (le premier est daté de 1771); ils peuvent être considérés comme INÉDITS, car on remarque des changements dans la gravure de *l'Enfant prodigue*, et tout un côté de la gravure de *l'Ecossaise* est différent. Cette particularité leur donne un grand intérêt artistique.

2° DIX DESSINS ORIGINAUX de Le Prince, à l'encre de Chine et au crayon noir, rehaussés de blanc au pinceau, pour *La Henriade*.

3° UN JOLI DESSIN à la sépia, par Choquet, pour *Jeannot et Colin*.

4° UNE JOLIE MINIATURE, à l'encre de Chine, sur PEAU DE VÉLIN, du portrait de Pierre Le Grand.

5° TROIS DESSINS au lavis, par Cazenave : portraits de la duchesse du Maine, de Mlle Clairon et de Mme de Pompadour.

6° UN DESSIN A LA PLUME du portrait de Frédéric le Grand.

7° UN DESSIN de Steinhel, à la sépia, rehaussé de blanc (*Dunois et la Pucelle*, chant IV), avec la gravure de l'édition de *Furne* en épreuve AVANT LA LETTRE.

8° UN DESSIN original au crayon du portrait de Jacques Clément, par Massard.

En tout plus de 2100 pièces.

144. Collection des petits chefs-d'œuvre antiques. *Paris,
   Quantin*, 1879-1880. — Ens. 3 vol. in-32, texte encadré,
   vign. br.

> Musée. Héro et Léandre. — Ovide. Les Amours. Traduction du
> Cte de Séguier. — A. Tatius. Leucippe et Clitophon.
> Exemplaires sur PAPIER DU JAPON.

HISTOIRE

I. HISTOIRE DES RELIGIONS
HISTOIRE ANCIENNE. — DIVERS

145. Légende dorée ou Sommaire de l'histiore (*sic*) des
   frères mendians de l'ordre de Dominique et de François, comprenant briesvement et véritablement l'ori-
   gine, le progrez, la doctrine et les combats d'iceux : tant
   contre l'Eglise Gallicane principalement, que cõtre les
   Papes et entr'eux mesmes depuis quatre cens ans par
   (Nicolas Vignier). *A Leyden, pour Jean Le Maire*, 1608,
   in-8, mar. citron, dos orné, fil. tr. dor. (*Rel. anc.*)

> Ouvrage peu commun que l'on peut réunir à l'*Alcoran des Cor-
> deliers* ; le nom de l'auteur, ministre à Blois, est figuré par
> l'anagramme suivant qui se trouve au verso du titre : *Nul gain
> i reçois* (Nicolas Vignier).
> Bel exemplaire de R.-S. TURNER.

146. ⚜ L'HISTOIRE ⁊ RECUEIL DE LA TRIUM‖PHANTE ET GLO-
   RIEUSE VICTOIRE obtenue contre les seduyctz et abusez ‖
   Luthériens mescreans du pays Daulsays ⁊ autres | par ‖
   treshault et trespuissant prince ⁊ seigneur Anthoi‖ne
   par la grace de Dieu duc de Calabre | de ‖ Lorraine et
   de Bar, ⁊c. en deffen‖dant la foy catholicque | nostre ‖
   mère léglise | et vraye no‖blesse | a lutilité et ‖ suffit
   de la cho‖se publicque. ‖ (A la fin :) *Ex parisiorũ Lute-
   tia. xii. kalendas Januarii. M.ccccc.xxvi.* (1526), in-fol.

goth. de 10 ff. prél non ch. et 98 ff. ch. fig. sur bois, vélin.

> Livre fort rare, sorti des presses de Galiot du Pré, dont l'auteur, Nicole Volcyre de Serouville, se nomme dans une épître en latin adressée à Guillaume Budée. — Ce volume est orné de 6 figures et 2 vignettes gravées sur bois. Deux de ces figures portent au bas le G surmonté de la croix de Lorraine, monogramme de Geofroy Tory.
>
> Exemplaire grand de marges. Petit raccommodage au titre.

147. Histoire des Variations des Eglises Protestantes, par Messire Jacques Benigne Bossuet... *Paris, Sébastien Mabre-Cramoisy*, 1688, 2 vol. in-4, mar. r. dos orné, fil. dent. int. tr. dor. (*Chambolle-Duru.*)

> Bel exemplaire de l'ÉDITION ORIGINALE.

148. L'Histoire de la vie et mort de feu M. Jean Calvin, fidèle serviteur de Jésus-Christ : prinse de la Préface de Théodore de Besze aux Cōmentaires dudit Calvin sur Josué, ainsi qu'elle est maintenant augmentée de nouveau ; et déduite selon l'ordre du temps quasi d'an en an. *Genève, François Perrin*, 1565, in-8 de 88 ff. non ch. v. f. dos orné, fil. dent. int. tr. dor. (*E. Niedrée.*)

> PREMIÈRE ÉDITION, rare.
>
> Ainsi que le titre l'indique, ce volume est un tirage à part augmenté de la préface de Théodore de Bèze à la traduction française des *Commentaires de Calvin sur le Livre de Josué*, parue la même année chez le même libraire.
>
> Bel exemplaire, très grand de marges, portant sur le titre la mention manuscrite suivante : *A l'usage des Capucins de Dijon ; écrit au catalogue.*
>
> Hauteur : 174 mill.

149. Théâtre des Cruautez des Hereticques de nostre temps. Traduit du latin (de Richard Verstegan) en françois. *En Anvers, chez Adrien Hubert*, 1588, in-4, front. et pl. sur cuivre, mar. r. fil. tr. dor. (*Derome.*)

> PREMIÈRE ÉDITION de cette traduction, plus recherchée que l'original latin, parce qu'elle a des augmentations. Elle est ornée de 30 planches sur cuivre non signées.

150. Le Imagini de i Dei de gli antichi, nelle quali si con-
tengono gl' idoli, riti, ceremonie et altre cose appar-
tenenti alla religione de gli antichi. Raccolte dal Sig.
Vincenzo Cartari. *Venetia, Francesco Ziletti*, 1580,
in-4, de 18 ff. prél. non ch. et 566 pp. car. ital. nombreuses pl. sur cuivre, vél. à recouvr. guirlandes de
feuillage sur le dos et au centre des plats, fil. tr. dor.

> Ouvrage recherché pour les nombreuses figures en taille-
> douce dont il est orné.
> Bel exemplaire dans une jolie reliure de l'époque.

---

151. Histoire des Juifs, écrite par Flavius Joseph, sous
le titre de Antiquitez Judaïques ; traduite sur l'original
grec par M. Arnauld d'Andilly ; 3 vol. — Histoire de la
guerre des Juifs contre les Romains, écrite par Flavius Joseph et sa vie écrite par lui-même; 2 vol. —
Bruxelles, Henry Fricx, 1704-1703. — Ens. 5 vol. in-8,
fig. v. f. dos orné, dent. sur les plats, tr. dor. (*Bozérian.*)

> Belle édition ornée d'un frontispice et d'un grand nombre de
> jolies figures sur cuivre, intercalées dans le texte.
> Bel exemplaire sur GRAND PAPIER ; grand de marges.

152. Les OEuvres de C. Cornelius Tacitus, nouvellement
mis en françois. *Paris, Abel l'Angelier*, 1582, in-fol.
mar. olive, comp. de feuillage sur le dos, aux angles et
au centre des plats, fil. tr. dor. (*Rel. anc.*)

> Exemplaire réglé de cette traduction attribuée à Blaise de
> Vigenère.

---

153. LE PREMIER (ET SECOND) VOLUME ‖ DE LA
THOISON D'OR. Composé par révérend père en ‖ dieu
Guillaume par la permission divine jadis eves‖que de
Tournay ‖ abbé de Sainct Bertin et chan‖cellier de
lordre de la Thoison d'or du bon duc ‖ Philippe de

Bourgongne. Auquel soubz les ‖ vertus de magnani-
mité et justice apparte‖nans a lestat de noblesse sont
contenus ‖ les haulx vertueux et magnanimes ‖ faictz
tant des treschrestiēnes mai‖sons de France, Bour-
gōgne et ‖ Flandres que dautres roys ‖ et princes de
lancien et ‖ nouveau testament. ‖ Nouvellement ‖ imprime. ‖ ❡ *On les vend à Paris en la rue Sainct Jacques…
devant les Maturins, par Poncet lepreux. (A la fin :)…
Imprimee à Troyes par Nicolas le Rouge, lan Mil cinq
centz et trente, le vingt et ungiesme jour d'apvril.* (1530),
2 tomes en 1 vol. in-fol. goth. mar. r. dos et plats couverts d'entrelacs de mar. noir, bleu et vert, doublé de
mar. bleu, semis de croix de saint André et de fleurs
de lis, gardes de moire bleue, tr. dor. étui en mar.
brun, doublé de peau de chamois. (*Lortic.*)

Édition rare, sortie des presses de Jean Petit, de cet ouvrage
curieux. Elle est enrichie d'un titre imprimé en rouge et noir
avec encadrement gravé sur bois, et de deux grandes figures
sur bois, toutes deux répétées, représentant l'une l'auteur, Guillaume Fillastre, écrivant son ouvrage et l'autre, Jason combat-
tant les dragons gardiens de la Toison d'or. — Nombreuses
lettres ornées.

Bel exemplaire couvert d'une riche et curieuse reliure de Lortic, où cet artiste a pu vaincre la difficulté que présente l'exé-
cution d'une reliure mosaïquée sans aucun filet ou ornement
dorés. Cette reliure est en effet entièrement janséniste, et les
pièces de maroquin sont rapportées avec la plus grande préci-
sion. Les ornements des plats intérieurs sont seuls dorés.

154. Le Moyen Age et la Renaissance, histoire et description des mœurs et usages, du commerce et de l'industrie, des sciences, des arts, des littératures et des
beaux-arts en Europe. Par MM. Paul Lacroix et Ferdi-
nand Seré. *Paris*, 1848-1851, 5 vol. in-4, fig. pl. en
chromolithog. mar. r. dos orné, fil. dent. int. tête dor.
ébarbé. (*Bertrand.*)

Bel exemplaire de cet ouvrage recherché.

155. La Vie au temps des Cours d'amour. Croyances, usages

et mœurs intimes des xie, xiie et xiiie siècles, d'après
les chroniques, gestes, jeux-partis et fabliaux, par An-
tony Méray. *Paris, Claudin*, 1876, in-8, couvertures et
gardes de couleur, mar. r. dos orné, joli encadr. de fil.
entrelacés sur les plats, doublé de mar. vert, dent.
gardes de moire verte, tr. dor. (*Lortic.*)

Très bel exemplaire à toutes marges; un des 20 sur GRAND
PAPIER DE CHINE.

II. HISTOIRE MODERNE

156. Les Illustrations de Gaule, et singularitez de Troye,
contenant troy parties, avec l'Epistre du Roy Hector
de Troye... Le tout composé par excellent hystorio-
graphe Maistre Jean Le Maire, de Belges... Avec plusieurs autres additions faicte (*sic*) par ledict autheur.
Nouvellement reveu et corrigé, imprimé à Paris, 1548.
*On les vend à Paris à la rue sainct Jacques, à l'enseigne
du Loup, par Poncet le Preux* (1548), 5 parties en 1 vol.
in-4, car. ronds, mar. bleu foncé, fil. à fr. fleurs de lis
aux angles et au centre des plats, dent. int. tr. peigne.

Bonne édition complète, comprenant les trois livres des *Illustrations de Gaule, l'Epistre du Roy envoyée à Hector de Troye* (en
vers). *Traicté de la différence des scismes* suivi du *Temple d'honneur et de vertus* (en vers et en prose).

157. LE PREMIER (second et tiers) VOLUME DES GRANS ‖ CRO-
NIQ̄S DE FRANCE ‖ Nouvellement imprimées à Paris
avecques plusieurs incidences ‖ survenues durant les
regnes des treschrestiens roys de France, tant ‖ es
royaulmes Dytallie | Dalmaigne | D̄agleterre | Des-
paigne | Hon‖grie | Jherusalem | Escoce | Turquie |
Flandres et autres lieux circon‖voisins; avecques la
Cronique frère Robert Gaguin contenue à la ‖ cronique
Martinienne. ‖ (A la fin :) ❰ *Cy finist le tiers et dernier
volume des grans croniques de France, imprimées a Paris, lan mil cinq cens et quatorze, le premier jour de*

*octobre, pour Guillaume Eustace, libraire du roy et re-
lieur juré de l'université de Paris...* (1514), 3 vol. in-fol.
goth. à 2 col. fig. sur bois, mar. vert, dos orné, fil. et
comp. à la Du Seuil, dent. int. tr. dor. (*Thouvenin.*)

Édition très rare de ces chroniques, dites *Chroniques de Saint
Denis,* depuis les Troyens jusqu'en 1513.

Bel exemplaire, grand de marges, couvert d'une très bonne
reliure de Thouvenin, mais avec le titre du tome I légèrement
taché.

Quelques petits raccommodages et légères piqûres de vers.

158. Le Rozier Historial de France ‖ contenant deux
Roziers. ‖ ❡ Le p̄mier rozier ‖ contient plusieurs belles
rozes ꝛ bou‖tons de instructions et beaulx enseigne‖
mens pour Roys | Princes | Chevaliers‖Cappitaines
et gens de guerre cōme ilz ‖ se doivent maintenir |
gouverner ꝛ conduy‖re pour mener ostz et batailles
cōtre leurs ‖ ennemys tant par mer que par terre. ‖
❡ Le secōd Rozier ‖ autremēt Cronicques abregees contient ‖ plusieurs belles rozes et boutōs extraitz ‖ et yssus
de la maison de Frāce et de Angle‖terre tant en ligne
directe que collateralle. ‖ ❡ Pareillemēt Dallemaigne
| Espaigne ‖ Escoce | Sicille | Flandres et autres tant ‖
des royaulmes chrestiens q̄ des infideles. ‖ ❡ Ilz se
vendent à Paris en la rue Sainct Jacques a lenseigne
sainct Claude. ‖ (A la fin :) ❡ *Cy fine le Rosier hys-
torial de* ‖ *France nouvellement imprime a* ‖ *Paris le.
xxvi* jour de fevrier ‖ *lan mil cinq cens et xxii. avant*
‖ *Pasques.* (1522) ‖ in-fol. goth. de 2 ff. prél. non ch.
dont le titre, en r. et noir, avec fig. sur bois, et 214 ff.
ch. à 2 col. fig. sur bois, mar. r. jans. dent. int. tr. dor.
(*Thibaron-Joly.*)

Première édition, fort rare, de cet ouvrage attribué à Estienne
Porchier ou à Pierre Chenisot. Elle est ornée de nombreuses
figures gravées sur bois (batailles, enterrements, entrées, etc.),
de portraits de rois, et au recto du second f. d'une grande
planche représentant l'auteur offrant son livre au roi.

Bel exemplaire.

159. Les Anciennes et modernes Généalogies ‖ des Roys de France et mesmement du roy ‖ Pharamond. Avec leurs épitaphes et ‖ effigies. ‖ (A la fin :) ❡ *Cy finissent les Epitaphes Genea‖logies et effigies des Roys Frācois. ‖ Imprimez nouvellement a Poi‖ctiers par Jacques Bouchet ‖ Imprimeur le douziesme ‖ jour de Juing. | lan mil ‖ cinq cens tren‖te cinq.* (1535) ‖ in-4, goth. de 14 ff. prél. non ch. et 124 ff. ch. de texte, fig. sur bois, mar. bleu, dos fleurdelisé, armes de France sur les plats, dent. int. tr. dor. (*Duru.*)

Ouvrage en prose et en vers composé par Jean Bouchet, qui est nommé sur le titre dans une pièce en vers de Nicolas Parvus. Cette édition est ornée de 66 portraits gravés sur bois dont 9 sont répétés.

Bel exemplaire, grand de marges, de la bibliothèque Solar.

160. LES CRONICQUES DU FEU ‖ ROY CHARLES SEPTIESME de ce nom que dieu absoulle | contenans les faitz ‖ et gestes dudit seigneur | lequel trouva le royaulme en grant déso‖lation | et néantmoins le laissa paisible. Ladvenement de la ‖ pucelle faitz et gestes dicelle et autres choses singuliè‖res advenues de son temps. Redigées par escript ‖ par feu maistre Alain Chartier hõme bien ‖ estime en son temps | secrétaire dudit ‖ feu roy Charles vij° ‖ (A la fin :)... *Imprime nouvellement a Paris pour Jehan Longis, marchant libraire tenant sa bouticque au palais en la gallerie par ou l'on va à la chancellerie. Et furent achevees dimprimer le iii° jour de Décembre Mil cinq cens xxviii.* (1528), in-fol. goth. de 80 ff. ch. à longues lignes, fig. sur bois, mar. r. dos orné, fil. dent. int. tr. dor. (*Duru.*)

Première édition, très rare, de cette chronique écrite par Gilles Le Bouvier, dit *Berry*, héraut d'armes. Le titre, imprimé en rouge et noir, porte la marque de Jean Longis; armes de France au verso, en tête du privilège et figure sur bois au recto et au verso du f. ij.

Bel exemplaire.

161. LES CRONICQUES DU FEU ROY CHARLES SEPTIESME de ce nom... Rédigées par escript par feu maistre Alain Chartier | secrétaire dudit feu Roy Charles vii. (A la fin :) *Imprimé nouvellement a Paris, pour Iehan Longis... le iiie jour de Décembre Mil cinq cens. xxviii.* (1528), in-fol. goth. de 80 ff. ch. à longues lignes, fig. sur bois, mar. La Vall. fil. à fr. dent. int. tr. dor. (*Masson-Debonnelle.*)

PREMIÈRE ÉDITION, fort rare.
Raccommodage à la marge intérieure du titre.

162. Cronique et hi‖stoire composée par ‖ Philippe de Commines, che‖valier, seigneur d'Argen‖ton, contenant les cho‖ses advenues, durant le ‖ règne du Roy Loys ‖ unziesme, et Char‖les huictiesme ‖ son filz. ‖ Nouvellement reveue ‖ et corrigée. ‖ Avec plusieurs notables mis en ‖ marge, pour le sommaire de ‖ ladicte histoire. ‖ *A Paris,* ‖ *par Arnoul l'Angelier, tenant sa bouticque* ‖ *au second pillier de la grãd salle du Palais.* ‖ 1556. ‖ in-16 de 11 ff. prél. non ch. et 461 ff. ch. par erreur 450, mar. bleu, dos et angles des plats fleurdelisés, bel encadrement à fr. dent. int. tr. dor. et ciselée. (*Lortic.*)

Bel exemplaire d'une jolie édition non citée.

163. Les Mémoires de Messire Philippe de Commines, chevalier, seigneur d'Argenton : sur les faictz et gestes abbregees, de Loys xj et Charles viij son fils... Avec la vie de mess. Angelo Cattho, archevesque de Vienne : plus deux epistres de Jean Sleidan en la recommandation de l'autheur... *S. l.* (*Genève*), *pour Jacques Chouët,* 1593, in-12, titre encadré, 3 portr. sur cuivre, mar. bleu, joli encadr. et fil. à fr. dent. int. tr. dor. (*Lortic.*)

Bel exemplaire d'une édition rare.

164. Les Mémoires de Messire Philippe de Commines, s^r d'Argenton. Dernière édition. *A Leide, chez les Elzeviers*, 1648, pet. in-12, titre-front. gr. mar. bleu, fil. à fr. dent. int. tr. dor. (*Lortic.*)

Jolie édition, admirablement exécutée et fort recherchée (Willems, *les Elzevier*, n° 634).
Bel exemplaire. Hauteur : 130 mill.

165. CEST LORDRE QUI A ESTÉ GARDÉE A TOURS pour appeller ‖ devant le roy nostre souverain seigneur ceulx des ‖ troys estatz de ce royaume. ‖ (A la fin :) *Collation par nous faicte avec loriginal en ceste forme en papier, signe. J. Robertet. le xxiii. jour de mars. Mil quatre cens vingtz et troys avant pasques.* (1483)... *S. l. n. d.* in-fol. goth. de 56 ff. non ch. mar. brun, dos orné, et comp. d'entrelacs dorés et à fr. encadr. à fr. dent. int. tr. dor. (*Lortic.*)

Livre de la plus grande rareté, qui parut probablement l'année même dans laquelle furent tenus les États de Tours, en présence du roi Charles VIII. L'impression et le papier en sont fort beaux et les caractères, qui paraissent tout neufs, sont les mêmes que ceux du *Boccace des nobles malheureux*, imprimé à Paris, par Jean Dupré, en 1483.
Bel exemplaire.

166. C'EST L'ORDRE QUI A ESTÉ TENU A LA NOUVELLE ET JOYEUSE ENTRÉE, que treshault, tresexcellēt, et trespuissāt prince, le Roy treschrestien Henry deuzieme de ce nom, a faicte en la bonne ville et cité de Paris, capitale de son Royaume, le sezième jour de juin M. D. XLIX. *On les vend à Paris, chez Jacques Roffet, dict le Faulcheur, s. d.* (1549). — C'est l'ordre et forme qui a esté tenu au Sacre et Couronnemēt de treshaulte et tresillustre Dame, Madame Catherine de Médicis... faict en l'église Monseigneur Sainct Denys en France, le x jour de juin M. D. XLIX. *Paris, Jacques Roffet, s. d.* (1549). — Ens. 2 parties en 1 vol. in-4, pl. mar. La Vall. encadr. à fr. doublé de

mar. r. encadr. et milieu de guirlandes de feuillage,
semis de fleur de lis et d'H couronnés, tr. dor. étui de
mar. noir doublé de peau de chamois. (*Lortic.*)

> Le plus beau livre d'entrée des rois de France qui ait été
> publié; il est orné de onze figures ou planches admirablement
> dessinées et gravées sur bois, attribuées par Didot à Jean Cou-
> sin et par A. Bernard à Geoffroy Tory.
> Bel exemplaire couvert d'une riche reliure.

167. BREF ET SOMMAIRE RECUEIL de ce qui a esté
faict et de l'ordre tenüe à la joyeuse et triumphante
entrée de... tres-chrestien Prince Charles IX, de ce nom
Roy de France, en sa bonne ville et cité de Paris, capitale de son Royaume, le mardy sixiesme jour de Mars
(1571). Avec le couronnement de tres-haute... Princesse
Madame Elizabet d'Autriche son espouse, le dimanche
vingtcinquiesme. Et Entrée de ladicte dame en icelle
ville le jeudi xxix dudict mois de Mars, M. D. LXXI
(par Simon Bouquet, avec des pièces de vers par Dorat,
Ronsard, etc.). — Au Roy, congratulation de la paix
faite par Sa Majesté entre ses subjectz l'unziesme jour
d'Aoust 1570 (par Estienne Pasquier, Parisien). — *A
Paris, de l'Imprimerie de Denis du Pré, pour Olivier
Codoré*, 1572. — Ens. 4 parties en 1 vol. in-4, fig. sur
bois, mar. r. dos orné et mosaïqué, fil. comp. et entrelacs en mosaïque de mar. bleu, vert, jaune et blanc,
doublé de mar. bleu, semis de fleurs de lis et de dou-
bles C couronnés, armes de France au centre, gardes
de moire bleue, tr. dor. et ciselée, étui de mar. vert
doublé de peau de chamois. (*Lortic.*)

> Première édition, très rare, ornée de remarquables figures dues
> à Olivier Codoré, *tailleur et graveur sur pierres fines*. Il est fort
> rare de trouver ces 4 parties ainsi réunies.
> Bel exemplaire couvert d'une très riche reliure d'une exécution
> parfaite.

168. La Vie de Messire Gaspar de Colligny, seigneur de
Chastillon, admiral de France, à laquelle sont adjousté

ses Mémoires sur ce qui se passa au siège de S. Quentin. *A Leyde, chez Bonaventure et Abraham Elzevier, anno CIƆ IƆƆ XLIII.* (1643), 2 parties en 1 vol. pet. in-12, mar. bleu à long grain, dos orné, fil. dent. et milieu à fr. dent. int. tr. dor.

Traduction de la version latine de Jean de Serres. Ce petit volume, parfaitement exécuté, est un des plus recherchés de la collection elzevirienne (Willems, *les Elzevier*, n° 564).

Bel exemplaire couvert d'une jolie reliure genre Simier.

Hauteur : 130 mill.

169. Journal des choses mémorables advenues durant tout le règne de Henri III, Roi de France et de Pologne (par Pierre de l'Estoile). *S. l. (Paris)*, 1621, in-8 de 296 et 92 pp. mar. bleu, fil. à fr. dent. int. tr. dor. (*Lortic.*)

Bel exemplaire de l'ÉDITION ORIGINALE de ce célèbre ouvrage, connu sous le nom de *Journal de Henri III.* — La seconde partie, comprenant 92 pp., comprend : *Procez verbal d'un nommé Nicolas Poulain, Lieutenāt de la Prevosté de l'Isle de France, qui contient l'histoire de la Ligue...*

170. Pièces sur l'Assassinat des ducs de Guise et sur Henri III. — Ens. 5 pièces en 1 vol. in-8, mar. vert à long grain, comp. de fil. tr. dor.

Intéressant recueil renfermant les pièces suivantes, toutes fort rares :

Discours déplorable du meutre (*sic*) et assassinat, traditoirement commis en la ville de Blois... de feu Henry de Lorraine, duc de Guyse, le vendredy vingt-quatriesme jour de décembre, mil cinq cens quatre vingts-huict. *Jouxte la copie imprimée à Orléans*, 1589; 8 ff. non ch. — Tombeau et épitaphe sur la mort de Monseigneur le duc de Guyse. *Paris, Bichon*, 1589; 23 pp. — Oraison funèbre prononcée aux obsèques de Loys de Lorraine Cardinal, et Henry duc de Guise, frères. *Paris, Roffet*, 1589; 44 pp. — Remontrance faicte par Madame la duchesse de Nemours à Henry de Valloys avec la Responce de Henry de Valloys. Ensemble les Regrets et lamentations faite (*sic*) par Madame de Guise sur le trespas de feu Monsieur de Guise, son espoux. *Paris, Jean des Nois*, 1589; 15 pp. — Responce aux justifications prétendues par Henry de Valois, sur les meurtres et assassinats de feu Messeigneurs le cardinal et duc de Guyse...*Paris,*1589; 30 pp.

Ces cinq pièces sont réglées et avec de nombreux témoins.

171. Le Martyre des deux frères, contenant au vray toutes les particularitez plus notables des massacres et assassinats, commis és personnes de tres-hauts, tres-puissans, et tres-chretiens princes, Messeigneurs le Reverendissime Cardinal de Guyse, archevesque de Reims, et de Monseigneur le Duc de Guyse, Pairs de France. Par Henry de Valois a la face des Estats dernièrement assemblez à Bloys. Reveu par l'autheur et augmenté de plusieurs choses notables. *S. l.* 1589, pet. in-8, mar. r. dos orné, entrelacs de fil. et comp. à fers azurés sur les plats, doublé de mar. vert, dent. semis de fleurs de lis, gardes de moire verte, tr. dor. étui de mar. brun jans. fil. à fr. (*Lortic.*)

La plus rare édition sous cette date de cette pièce fort vive et très curieuse. Elle se compose de 65 pp. la dernière ch. 58, 1 page blanche, 4 pp. non ch. qui contiennent la pièce de vers. *Au Lecteur sur les deux anagrammes de l'auteur*, et les *Stances d'un gentilhomme catholique sur le martyre des deux frères*, et enfin 1 f. blanc,

Les Anagrammes de l'auteur que l'on trouve au v° du titre et à la p. 65, donnent *Charles Piuselet*; cette pièce serait-elle de Ch. Pinselet, l'auteur du Martyre de Jacques Clément?

Bel exemplaire couvert d'une riche reliure.

172. La Vie et Faits notables de Henry de Valois. Tout au long, sans rien requérir. Où sont contenues les trahisons, perfidies, sacrilèges, exactions, cruautez et hontes de cest Hypocrite et Apostat, ennemy de la Religion catholique. *S. l.* (*Paris, Millot*), 1589, pet. in-8 de 90 pp. 2 ff. ch. au v° 91 et 92 et 1 f. blanc, mar. r. dos orné, entrelacs de fil. et comp. à fers azurés sur les plats, doublé de mar. vert, dent. semis de fleurs de lis, gardes de moire verte, tr. dor. étui de mar. brun jans. fil. à fr. (*Lortic.*)

Édition fort rare de ce libelle violent attribué à Jean Boucher. Elle est ornée de 8 figures sur bois; les deux dernières représentent le duc et le cardinal de Guise étendus à terre et couverts de blessures, elles sont plus grandes que le texte et sont pliées.

Riche reliure.

173. Histoire du Roy Henry le Grand, composée par
Messire Hardouin de Péréfixe, evesque de Rodez, cy
devant Précepteur du Roy. *A Amsterdam, chez Louys
et Daniel Elzevier*, 1661, pet. in-12, front. sur cuivre,
mar. brun, dos orné, fil. riches comp. au pointillé,
chiffre de Henri IV et fleurs de lis au centre des plats,
dent. int. tr. dor. (*Capé.*)

> Bel exemplaire de la PREMIÈRE ÉDITION ELZEVIRIENNE, fort bien
> exécutée, couvert d'une jolie reliure style Le Gascon.
> Hauteur : 132 mill. et demi.

174. Labyrinthe Royal de l'Hercule Gaulois triomphant,
sur le suject des fortunes, batailles, victoires, trophées,
triomphes, mariage et autres faicts... de Henry IV,
roy de France et de Navarre. Représenté à l'entrée
triomphante de la Royne en la cité d'Avignon, le 19
novembre l'an 1600 (par l'abbé André Valladier.) *Chez
Jaques Bramereau, imprimeur en Avignon, s. d.* pet.
in-fol. pl. mar. bleu, dos orné, fil. comp. armes de
France et chiffre de Henri IV sur les plats, dent. int.
tr. dor. et ciselée. (*Lortic.*)

> Livre très rare et très recherché orné des portraits d'Henri IV
> et de Marie de Médicis, d'un titre-frontispice et de 12 planches
> sur cuivre par Greuter.

175. LES MÉMOIRES DE LA ROINE MARGUERITE (publiés par
Auger de Moléon). *Paris, Chappellain*, 1628, in-8,
mar. r. dos orné, fil. comp. et milieu à petits fers,
marguerites au dos, aux angles et au centre des plats,
doublé de mar. bleu, semis de marguerites, gardes de
moire bleue, tr. dor. étui de mar. bleu doublé de peau.
(*Lortic.*)

> Réimpression de l'édition originale, parue sous la même
> date.
> Bel exemplaire, grand de marges.

176. Le Soleil au signe du Lyon, d'où quelques parallèles
sont tirez, avec le tres-chrestien Monarque Louis XIII,

roy de France et de Navarre, en son entrée triomphante de sa ville de Lyon... et en l'entrée de sa Majesté Anne d'Autriche, dans ladite ville de Lyon le 11
décembre 1622. *A Lyon, chez Jean Jullieron,* 1623. —
Réception de... Louis XIII et de... Anne d'Austriche,
par Messieurs les Doyen, Chanoines et Comtes de Lyon,
en leur cloistre et à l'église, le 11 décembre 1622. *A
Lyon, par Jaques Roussin,* 1623. — Ens. 2 ouvrages
en 1 vol. in-fol. pl. mar. bleu, dos orné et fleurdelisé,
fil. comp. et armes de France sur les plats, dent. int.
tr. dor. et ciselée. (*Lortic.*)

> Le premier de ces deux ouvrages est orné de 12 planches gra-
> vées sur cuivre par Huret, Mallery, Autguers, Faber, etc.; le
> second, qui manquait à la collection Ruggieri, contient 7 plan-
> ches gravées sur cuivre par Audran, Faber et Huret.
> Bel exemplaire.

177. Mémoires de Henri de Campion. Nouvelle édition
suivie d'un choix des lettres d'Alexandre de Campion;
avec des notes par M. C. Moreau. *Paris, Jannet,* 1857,
in-16, mar. r. fil. à fr. dent. int. tr. dor. (*Lortic.*)

> De la *Bibliothèque elzevirienne.*
> Exemplaire sur PAPIER DE CHINE.

178. Mémoires, Fragmens historiques et correspon-
dance de Madame la duchesse d'Orléans, princesse
Palatine, mère du Régent; précédés d'une notice par
M. Philippe Busoni. Première édition complète. *Paris,
Paulin,* 1832, in-8, mar. bleu, fil. à fr. dent. int. tr.
dor. (*Lortic.*)

> Bel exemplaire, relié sur brochure, auquel on a ajouté un
> beau portrait d'Élisabeth-Charlotte d'Orléans, par W. Read.

179. Mémoires et Journal inédit du marquis d'Argenson,
ministre des affaires étrangères sous XV, publiés et
annotés par M. le Marquis d'Argenson. *Paris, Jannet,*
1857-1858, 5 vol. in-16, mar. vert, fil. à fr. dent. int.
tr. dor. (*Lortic.*)

> De la *Bibliothèque elzevirienne.*
> Exemplaire sur PAPIER DE CHINE.

180. Mémoires et correspondance de Madame d'Épinay,
où elle donne des détails sur ses liaisons avec Duclos,
J.-J. Rousseau, Grimm, Diderot... Ouvrage renfermant
un grand nombre de lettres inédites de Grimm, Diderot, J.-J. Rousseau... Troisième édition, augmentée de
plusieurs lettres (publiée par Brunet et Parison). *Paris, Volland*, 1818, 3 vol. in-8, portr. mar. orange, fil.
à fr. dent. int. tr. dor. (*Lortic.*)

> Bonne édition, parue sous la même date que l'originale.
> Bel exemplaire, relié sur brochure, auquel on a ajouté les
> portraits de Mesdames d'Épinay, d'Houdetot, baronne d'Holbach,
> et de J.-J. Rousseau, Duclos, Saint-Lambert, Grimm, Diderot,
> Voltaire et Tronchin, en tout 11 pièces, la plupart anciennes, en
> très bonnes épreuves.

---

181. Les Antiquitez, Chroniques et Singularitez de Paris,
ville capitale du Royaume de France, avec les fonda-
tions et bastimens des lieux... par G. Corrozet, Parisien. *Paris, Gilles Corrozet*, 1561, pet. in-8 de 8 ff.
prél. non ch. et 200 ff. ch. mar. r. dos orné, fil. et
comp. dorés, encadr. fleurdelisé à fr. milieu à fers
azurés, dent. int. tr. dor. (*Lortic.*)

> Édition la plus complète et la dernière qu'ait donnée Gilles
> Corrozet; elle est très estimée.
> Bel exemplaire.

182. Recommandation de l'évêque de Langres pour l'hô-
pital de Saint-Jacques du Haut-Pas, près Paris. — Un
f. in-8, oblong.

> Pièce fort curieuse, sorte de prospectus du commencement
> du XVIe siècle, qui devait être distribué par les soins des direc-
> teurs de cet hopital. Il est ainsi rédigé : *De la permission de
> Reverend père en Dieu, monseigneur levesque ꝫ duc de Lāgres, per
> de France, on vous recommande lhospital sainct Jacques du hault
> pas, pres Paris auquel tous pelerins sont logez ꝫ benignemēt sous-
> tenuz en deux hospitaulx divisez lung pour les hōmes et lautre
> pour les femmes, le divin service dict et célébré et les œuvres de
> charité par chacun jour acomplies et ny a rentes ne revenues suffi-*

santes pour entretenir lhospitalité ⁊ service divin, fors les aulmo-
nes du peuple. Vous y ferez vos auslmosnes ainsi que avez ac-
coustume et en ce faisant serez participans es bienffaictz dudict
hospital.

183. HYSTOIRE AGRÉGATIVE ‖ DES ANNALES ET CRONICQUES D'ANJOU | contenant le com‖mence-ment et origine | avecques partie des chevaleu‖reux et marciaulx gestes des magnanimes prin‖ces | consulz | contes et ducz danjou. Et pareil‖lement plusieurs faictz dignes de memoi‖re | advenuz tant en France | Italie ‖ Espaigne, Angleterre | Hieru‖salem et autres royaulmes ‖ tant chrestiens que sarrazins. ‖ Depuis le temps du déluge jusques ‖ a present | tres utile | proffitable et recreati‖ve a tous nobles et vertueux espritz. Recueil‖lies et mises en forme par noble et discret messire ‖ Jehan de Bourdigné prestre | docteur es droictz ‖ et depuis reveues et additionnees par le ‖ viateur. ‖ ❧ Avec privilège. ‖ On les vend a Angiers en la boutique de ‖ Charles de Boingne et Clément Alexandre, mar‖chans libraires jurez de luniversité dudit lieu. ‖ (A la fin :) ❧ *Fin des Annalles ⁊ cronicques des pays Danjou et du Mai‖ne. Nouvellement imprimees a Paris par Anthoyne Cou‖teau imprimeur. Pour honnestes persònnes Char‖les de Boigne | et Clement Alexandre | marchans ‖ libraires demourans à Angiers. Et fu‖rent achevées de imprimer au moys ‖ de Janvier. Lan Mil cinq ‖ cens. xxix.* (1529) ‖ in-fol. goth. à longues lignes, lettres ornées, mar. r. dos et plats ornés d'entrelacs et de comp. à fr. doublé de mar. bleu, semis de fleurs de lys, gardes de moire bleue, tr. dor. étui de mar. bleu, doublé de peau de chamois. (*Lortic.*)

PREMIÈRE ÉDITION de cette chronique recherchée.
Elle se compose de 4 ff. prél. non ch. dont le dernier porte au verso une grande planche sur bois, de 207 ff. ch. de texte et 1 f. non ch. avec la marque de Galliot du Pré. Le titre, im-

primé   rouge et noir, est orné d'un bel encadrement sur bois avec le nom de Galliot du Pré.

Très bel exemplaire, grand de marges, couvert d'une jolie reliure doublée.

184. HYSTOIRE AGRÉGATIVE DES ANNALES ET CRONICQUES D'ANJOU... Recueillies et mises en forme par noble et discret missire Jehan de Bourdigné... (A la fin :)... *Imprimées à Paris, par Anthoine Couteau... pour Charles de Boigne et Clément Alexandre, marchans libraire demourans à Angiers. Et furent achevées de imprimer au moys de Janvier, l'an Mil cinq cens. xxix.* (1529), in-fol. goth. de 4 ff. prél. non ch. 207 ff. ch. et 1 f. pour la marque de Galliot du Pré, mar. r. dos et plats ornés de comp. à fr. dent. int. tr. dor. (*Lortic.*)

PREMIÈRE ÉDITION, rare.
Bel exemplaire.

185. LES ANNALLES DACQUI‖TAINE faictz et gestes en sommaire des ‖ Roys de france et Dangleterre et des pays de Naples ⁊ de Milan. Nouvelle‖mēt corrigees avec aucunes addicions de la du‖ché de Bourgongne et comté de Flandres. ‖ ... ❡ *Et sont a vēdre a Paris en la rue Sainct Jacques devāt sainct Yves et a Poictiers ‖ devant li pallays au Pellican par Enguilbert de Marnef.* ❡ *Et a limprimerie A ‖ la Celle et devant les Cordeliers par Jacques Bouchet Imprimeur.* ‖ (A la fin :) *Cy finissent les annales Dacquitaine faictz ⁊ gestes des roys de fran‖ce dignes de memoire avec les antiquites de Poictiers ⁊ la vie de Sainct ‖ hilaire ⁊ de sainct Guillaume comte de Poictou recuilliz des Anciennes et ‖ approuvees histoires et de plusieurs páncartes par Maistre Jehan Bou‖chet procureur a Poictiers. Et imprimees audit lieu pour Maistres Enguil‖bert de Marnef, ⁊ Jacques Bouchet libraires jurez de luniversité dudit lieu.* ‖ *Le tiers jour du moys de Mars, lan mil cinq cens. XXV.* (1525) ‖ 2 parties en 1 vol. in-fol. de

12 ff. prél. non ch. 82 ff. et 81 ff. ch. de texte, mar. r. comp. à fr. sur le dos et les plats, dent. int. tr. dor. (*Lortic.*)

PREMIÈRE ÉDITION, très rare, de cette chronique regardée comme la meilleure production du fécond Jean Bouchet. Elle s'arrête en 1519.

Armes de France et jolie lettre ornée sur le titre, planche sur bois au verso du 2e f. prél.

Bel exemplaire.

186. LES ANNALLES DACQUITAINE ‖ faictz et gestes en sommaire des roys de France et d'Angleterre ‖ pays de Naples et de Milan ‖ reveues et corrigees par ‖ l'acteur mesmes jusques en lan Mil cinq cens ‖ trente et cinq et de nouvel jusques en lan ‖ Mil cinq cens. xxxvi. ‖ *On les vend à Paris en la grand salle du Palays au premier pillier ‖ en la boutique de Galliot du pré Libraire juré de luniversité.* ‖ *Mil. D. xxxvij.* ‖ A la fin :) *Cy finissent les correctes et additionnees Annalles Dacqui‖taine nouvellement reveues et corrigees jusques au moys ‖ de juillet mil cinq cens. xxxv. Imprimees à Paris par ‖ Nicolas Couteau et ont esté achevees de imprimer le xxiie jour de Décembre mil cinq cens.* ‖ *xxxvj.* (1536) ‖ in-fol. goth. de 10 ff. prél. non ch. et 212 ff. de texte à longues lignes, mar. r. dos et plats ornés de comp. à fr. dent. int. tr. dor. (*Lortic.*)

Édition rare, non citée par Brunet. Marque de Galliot du Pré au verso du dernier f.

Bel exemplaire.

187. LES CHATEAUX HISTORIQUES DE LA FRANCE, par G. Eyriès et P. Perret; accompagné d'eaux-fortes, tirées à part et dans le texte et gravées par nos principaux aquafortistes, sous la direction de Eugène Sadoux. *Paris et Poitiers, Oudin frères*, 1879, in-fol. pl. à l'eau-forte, mar. olive, dos et encadr. fleurdelisé, comp. à fr. chiffre et salamandre de François Ier dorés sur les plats, doublé de mar. r. dent. semis de fleurs de lis et d'F cou-

ronnés, milieu de mar. bleu, tr. dor. étui de mar. bleu, doublé de peau de chamois, tr. dor. (*Lortic.*)

Ce volume n'est qu'un extrait de l'ouvrage dont nous donnons plus haut le titre. Il renferme les pp. 169 à 189 prises dans un des 50 exemplaires sur papier Whatman qui contiennent les descriptions du château de Montal (Lot) à M. Ed. Macaire de Verdier et des ruines du manoir de Castelnau de Brétenoux. On y a joint un tirage à part sur Chine des illustrations : planches et vignettes, remontées sur Whatman.

Riche reliure.

188. Chambre de Commerce de Lyon. **Musée d'Art et d'Industrie. Rapport de M. Natalis Rondot.** *Lyon, Perrin,* 1859, in-4, pap. de Hollande, **mar. r. fil. à fr.** dent. int. tr. dor. (*Lortic.*)

Envoi autographe de l'auteur à M. Lortic.

---

189. ✠ LE PREMIER (SECOND ET TIERS) VOLUME DES ‖ ILLUSTRATIONS DE LA GAULLE BELGI-QUE | antiquitez du pays de Haynau et de la grād cite de Belges : a present dicte Ba‖vay | dont procèdent les chaussées de Brunchault... ❡ *On les vend a Paris | en la grand'rue sainct Jacques | en la boutique de François Regnault...* 1531-1532, 3 tomes en 1 vol. in-fol. goth. à 2 col. mar. r. dos et plats ornés d'entrelacs en mosaïque de mar. noir et bleu, doublé de mar. vert, bel encadr. de guirlandes de feuillage, gardes de moire verte, tr. dor. étui de mar. vert doublé de peau de chamois (*Lortic.*).

Cette histoire est extraite des livres latins de Jacques de Guyse, alors inédits, par Jean Lessabée. Elle se termine à l'année 1258. Chaque partie possède un titre particulier, avec le même encadrement gravé sur bois, portant le nom de Galliot du Pré ; la marque de cet imprimeur se trouve en outre au verso du dernier f. — Grande planche sur bois, représentant l'auteur offrant son livre au roi ; lettres ornées.

Bel exemplaire, grand de marges ; riche reliure.

190. Historia del Beato Amedeo terzo duca di Savoia, composta dal P. D. Pietro Francesco Maleto. *S. l. n. d.* (*Torino*, 1613), pet. in-4, titre-front. sur cuivre avec portrait d'Amédée VIII, vélin, fil. tr. dor.

> Exemplaire couvert d'une reliure souple de l'époque, aux armes de CHARLES-EMMANUEL III, duc de Savoie.

191. ❧ Sommaire des Histoires du Royaume de Naples, qui traicte de toutes choses advenues en iceluy, ou ès pais de sa dépendence, des le tēps d'Auguste César... composé premièrement en langage italien par M. Pandolfo Collenucio et depuis n'aguères mis en françoys par Denis Sauvage, de Fontenailles en Brie... *A Paris*, 1546; 320 ff. — Parachèvement des Histoires du Royaume de Naples, extraict de plusieurs bons historiographes et croniqueurs... par Denis Sauvage. *Paris, Gilles Corrozet*, 1553, 16 ff. prél. non ch. 76 ff. ch. et 4 ff. non ch. dont le dernier blanc. — Ens. 4 ouvrages en 1 vol. in-8, mar. bleu, dos orné, fil. et milieu formé de guirlandes de feuillage, dent. int. tr. dor. (*Lortic.*)

> Ces deux ouvrages sont très rares.

192. La Relation de trois Ambassades de Monseigneur le comte de Carlisle... Nouvelle édition revue et annotée par le prince Augustin Galitzin. *Paris, Jannet*, 1857, in-16, mar. bleu, fil. à fr. dent. int. tr. dor. (*Lortic.*)

> De la *Bibliothèque elzevirienne.*
> Exemplaire SUR PAPIER DE CHINE.

193. Histoire du Pérou, par le P. Anello Oliva, traduite de l'espagnol sur le manuscrit inédit, par M. H. Ternaux-Compans. *Paris, Jannet*, 1857, in-16, mar. r. fil. à fr. dent. int., tr. dor. (*Lortic.*)

> De la *Bibliothèque elzevirienne.*
> Exemplaire sur PAPIER DE CHINE.

III. BIOGRAPHIE. — OUVRAGES SUR LES LIVRES ET LA RELIURE

194. Epitome, ou Abrégé des vies de cinquante et quatre notables et excellens personnaiges tant grecs que romains, mises au parangon l'une de l'autre, extraict du grec de Plutarque de Chæronée (par **Ph. des Avenelles**). *A Paris, de l'impr. de Philippe Danfrie*, 1658, in-8, mar. brun, fil. et comp. de fil. entrelacés sur les plats, tr. dor. (*Rel. anc.*)

> Tome Ier, seul publié, de cette très rare édition, imprimée en caractères cursifs.
>
> Bel exemplaire placé dans une jolie reliure ancienne aux armes du roi HENRI III; les plats portent le médaillon de Jésus en croix et le dos les armes de France avec la devise : *Spes mea Deus.*

195. Histoire de la vie et des ouvrages de P. Corneille, par J. Taschereau. Seconde édition augmentée. *Paris, Jannet,* 1855, in-16, mar. r. fil. à fr. dent. int. tr. dor. (*Lortic.*)

> De la *Bibliothèque elzevirienne.*
> Exemplaire sur PAPIER DE CHINE.

196. Théophile Gautier, par Charles Baudelaire. Notice littéraire précédée d'une lettre de Victor Hugo. *Paris, Poulet-Malassis et de Broise*, 1859, pet. in-8, pap. vél. mar. r. fil. à fr. dent. int. tr. dor. (*Lortic.*)

> Bel exemplaire auquel on a ajouté les portraits suivants : de Gautier (avec attributs) gravé par Théron; du même, gravé à l'eau-forte, épreuve sur CHINE, AVANT LA LETTRE; de Baudelaire, gravé à l'eau-forte d'après Manet, épreuve sur CHINE, AVANT LA LETTRE ; de Victor Hugo, gravé à l'eau-forte d'après Schœnewerk, épreuve sur CHINE, AVANT LA LETTRE.

197. L'Enfer du Bibliophile, vu et décrit par Charles Asselineau. *Paris, Tardieu*, 1860, in-12, br.

> ÉDITION ORIGINALE, devenue rare : le chapitre IX est consacré, en partie, à M. Lortic.
> ENVOI AUTOGRAPHE de l'auteur.

198. Guide de Livres à vignettes et à figures du xviii° siècle. Quatrième édition. Par Henry Cohen. *Paris, Rou-
quette*, 1880, in-8 à 2 col. demi-rel. mar. r. jans. avec
coins, tête dor. non rog.

> Un des 3 exemplaires sur PAPIER DE CHINE. On y a ajouté le
> portrait de l'auteur, gravé à l'eau-forte, épreuve AVANT LA LETTRE.

199. Catalogue illustré des Livres précieux, manuscrits
et imprimés, faisant partie de la bibliothèque de
M. Ambroise Firmin-Didot. *Paris, Adolphe Labitte,*
1878-1884 ; 6 vol. — Catalogue illustré des Dessins et
Estampes composant la collection de M. A. Firmin-
Didot. *Paris, Danlos*, 1877. — Ens. 7 vol. in-4, pl. en
noir et en couleur, br.

> Exemplaires sur GRAND PAPIER DE HOLLANDE auxquels on a
> ajouté les tables alphabétiques des noms d'auteurs et des prix
> d'adjudication, sur GRAND PAPIER DE HOLLANDE pour les livres et
> sur papier ordinaire pour les estampes.
> Les tables des années 1878 et 1879 sont en double.

200. Henri Beraldi. Estampes et Livres. 1872-1892. *Paris,
Conquet*, 1892, gr. in-8, pl. en héliogr. et en chromo-
typie sur Japon, br.

————

201. STATUTS ET REGLEMENTS pour la Communauté des
maistres Relieurs et Doreurs de livres de la ville et
université de Paris, entrepris et rédigés du tems et
par les soins des sieurs Jacques-Augustin Bonnet,
Alexis-Nicolas Ducastin, Pierre Anguerrand... tous
anciens gardes et gardes en charge de ladite Communauté. *A Paris, de l'Imprimerie de P. G. Le Mercier*,
1750, in-12 de 213 pp. mar. r. fil. à fr. doublé de mar.
r. dent. int. tr. dor. (*Lortic.*)

> Livre rare et curieux, indispensable pour l'histoire des re-
> lieurs du xviiie siècle, contenant les prérogatives, immunités et
> droits des relieurs et doreurs de Paris ; les arrêts rendus contre

les maîtres papetiers; les délibérations de la communauté des maîtres relieurs, la liste des maîtres relieurs et doreurs de livres de Paris, etc.

Très bel exemplaire, relié sur brochure, dont la plupart des ff. sont NON ROGNÉS.

202. Manuel historique et bibliographique de l'Amateur de Reliures, par Léon Gruel. *Paris, Gruel et Engelmann*, 1887, in-4, pl. en héliogr. et chromolithogr. br.

On a joint à cet exemplaire une double épreuve d'un portrait de l'auteur, AVANT LA LETTRE SUR JAPON, avec ENVOI AUTOGRAPHE à M. Lortic et : Notice sur Christophe Plantin, relieur à Anvers, 1514-1590, par Léon Gruel. *Paris*, 1891, br. in-8 de 11 pp., fig.

203. La Reliure moderne, artistique et fantaisiste, par Octave Uzanne. *Paris, Rouveyre*, 1887, in-8, front. à l'eau-forte et pl. en héliogr. br.

Un des 100 exemplaires sur PAPIER IMPÉRIAL DU JAPON (n° 5).

204. Reliure en mosaïque de Le Monnier, pour le *Daphnis et Chloé* de 1718.

Épreuve d'artiste de cette reproduction chromotypographique extraite du *Manuel de l'amateur de reliures*, de M. L. Gruel. Cette pièce, placée dans un cadre en bois doré, porte un ENVOI de M. GRUEL à M. LORTIC.

Dimensions du cadre : 30 sur 35 centimètres.

ESTAMPES

ANONYME.

205. Portrait d'une jeune femme à mi-corps, tenant un médaillon sur lequel sont les initiales A. R.

Miniature encadrée.

ALIX (P.-M.).

206. *Fénelon*. In-4 en couleur, de forme ovale.

Très belle épreuve avant la lettre.

AVRIL.

207. Offrande à l'amour.

Très belle épreuve avant la lettre.

BASSET (A Paris, chez).

208. Fête du 14 juillet, an XII. Vue des trois théâtres construits aux Champs-Élysées.

Belle épreuve, coloriée, encadrée.

BAUDOUIN (d'après P.-A.).

209. Le Souper, par Bonnet, en couleur (24).

Très belle épreuve.

BAUDOUIN (d'après P.-A.).

210. Le Poète Anacréon, par N. de Launay (E. B., 38).
Très belle épreuve avant la dédicace. Toute marge.

BOREL (d'après A.).

241. Le Bourgeois maltraité. — Le Paysan mécontent.
Deux pièces faisant pendants, gravées en couleur par Morret.
Très belles et rares épreuves avant la lettre.

BOUCHER (d'après F.).

242. Pensent-ils à ce mouton? par Mme Jourdan.
Très belle épreuve avant la lettre. Marges.

DEBUCOURT (P.-L.).

213. Ils sont heureux! Famille réunie dans un jardin; le grand-père tient le petit enfant à cheval sur sa jambe.
Très belle épreuve en couleur, sans marge, encadrée.

FRAGONARD (d'après H.).

214. Les Baignets, par N. de Launay.
Très belle épreuve, grande marge.

FRAGONARD (d'après H.).

245. L'heureuse fécondité, par N. de Launay.
Très belle épreuve, grande marge.

FREUDEBERG (d'après S.).

246. La Complaisance maternelle, par N. de Launay.
Très belle épreuve avant la lettre.

FREUDEBERG (d'après S.).

247. La Félicité villageoise, par N. de Launay.
Très belle épreuve, grande marge.

GERARD (d'après Mlle).

248. Les Regrets mérités, par N. de Launay.
Très belle épreuve, grande marge.

HUET (d'après J.-B.).

249. L'Amant pressant. — La Déclaration. Deux pièces
faisant pendants, gravées en couleur par Le-
grand.
Très belles épreuves.

HUET (d'après J.-B.).

220. La Bergère bien-aimée, par Jubier, en couleur.
Très belle épreuve avant la lettre.

221. Le Goûter, par Bonnet, en couleur.
Très belle épreuve.

222. Retour des champs, par Jubier, en couleur.
Très belle épreuve avant la lettre.

223. Serment d'amour et de fidélité, par Demarteau, en
couleur.
Très belle épreuve, marge.

JANINET (F.).

224. Nina, d'après Hoin. (Portrait de Mme Dugazon, dans
le rôle de Nina, ou la Folle par Amour), en cou-
leur.
Superbe épreuve avant toute lettre.

JANINET (F.).

225. La Noce de village, d'après P.-A. Wille, en couleur.
Belle épreuve, encadrée.

226. Le Repas des Moissonneurs, d'après Wille fils.
Bonne épreuve, sans marge, encadrée.

227. La Noce de village. — Le Repas des Moissonneurs.
Deux pièces faisant pendants, gravées en cou-
leur d'après Wille fils.
Très belles épreuves.

228. Marie-Antoinette, reine de France. In-4, en couleur.
Photographie coloriée, dans un cadre en bois sculpté.

LAVREINCE (d'après N.).

229. L'Indiscrétion, par Janinet (30), en couleur.
Très belle épreuve, remmargée.

230. L'Innocence en danger, par Caquet (E. B., 31).
Très belle épreuve, grande marge.

231. La Sentinelle en défaut, par Darcis (E. B., 58).
Belle épreuve, coloriée.

LE PRINCE (d'après J.-B.).

232. Le Bonheur du ménage, par N. de Launay.
Très belle épreuve avant la dédicace, toute marge.

DE LONGUEIL (d'après J.-D.).

233. Le Retour à la vertu, en couleur.
Très belle épreuve.

QUEVERDO (d'après F.-M.).

234. Nouvelle du Bien-aimé, gravé à l'eau-forte par Queverdo et terminé au burin par Romanet.

Très belle épreuve avant la dédicace, grande marge.

235. Le Sommeil interrompu, par Dambrun.

Très belle épreuve, grande marge.

SCHALL (d'après F.).

236. L'Amant surpris, par Descourtis, en couleur.

Très belle épreuve.

TAUNAY (d'après).

237. Foire de village. — Noce de village. — La Rixe. — Le Tambourin. Suite de quatre pièces faisant pendants, gravées par Descourtis, en couleur.

Très belles épreuves, dont trois remmargées.

VAN-GORP (d'après).

238. C'est papa, par R. de Launay.

Très belle épreuve, grande marge.

239. Le Déjeuner de Fanfan, par Malles, en couleur.

Très belle épreuve avant toute lettre.

(WILLE d'après P.-A.).

240. Le Bouton de rose. — La Curieuse. Deux pièces faisant pendants, gravées par Voyez l'aîné.

Très belles épreuves.

N° 742

Paris. — Typ. Chamerot et Renouard, 19, rue des Saints-Pères. — 30513.

www.ingramcontent.com/pod-product-compliance
Ingram Content Group UK Ltd.
Pitfield, Milton Keynes, MK11 3LW, UK
UKHW020947140726
13695UKWH00003B/1269